Karl-Walter Kohrs

Bergedorfer® Grundschulpraxis

Sachunterricht

1./2. Klasse
Raum und Umwelt

Persen
Persen Verlag

Gedruckt auf umweltbewusst gefertigtem, chlorfrei gebleichtem
und alterungsbeständigem Papier.

1. Auflage 2007

5. Auflage 2013

Illustrationen: Marion El-Khalafawi (Verkehrszeichen S. 59–65), Elisabeth Lottermoser
Satz: MouseDesign Medien AG, Zeven

ISBN 978-3-8344-**3942**-0

www.persen.de

Inhaltsverzeichnis

Inhaltsverzeichnis

Vorwort

Raum und Umwelt! Was liegt näher als bei dem Raum zu beginnen, der den Kindern am vertrautesten ist: ihre Wohnung oder ihr Wohnhaus. Hier gilt es, das Bewusstsein der Kinder zu schärfen und vom Individuellen zum Allgemeinen zu kommen, von einseitigen Vorstellungen zu differenzierten Betrachtungsweisen. So können die Kinder eine Wohnung einrichten und ihr eigenes Zimmer gestalten. „Was die Nachbarn stören könnte" spricht ein besonderes Problem an, mit dem die Kinder leben müssen. Vorteile und Nachteile unterschiedlichen Wohnens sollten vorurteilsfrei besprochen werden.
Mit dem Eintritt in die Schule weitet sich der Lebensraum. Hier verbringen die Kinder die Hälfte des Tages. Darum ist es wichtig, dass sie ihre Schule genau kennen und eine Beziehung zu ihr aufbauen. Dazu gehört auch der Schulweg. Nicht umsonst sind die Erstklässler stolz darauf, diesen Weg allein gehen zu können.
Der den Kindern bekannte Raum weitet sich. Kapitel 3 „Unsere Stadt" soll einen ersten Eindruck vermitteln, was eine Stadt alles bietet und wofür in der Stadt gesorgt ist.
Bei der Ausweitung des Raumes im Bewusstsein der Kinder kommt dem Straßenverkehr eine besondere Bedeutung zu. Neben der ersten Betrachtung der Verkehrsteilnehmer und der Verkehrswege werden Situationen angeboten, die immer wieder vorkommen. Diese Situationen sollten von den Kindern nachgespielt, kreativ ausgestaltet, beobachtet und analysiert werden. Dies ist auch das Alter, in dem sich die Kinder mit dem Fahrrad auf den Weg machen. Alle Experten sagen, dass man dies nicht genug üben und trainieren kann.
Raum ist nicht denkbar ohne die Umwelt und ihren Schutz. Keiner will sie haben, die Abfälle, die unsere „Wegwerfgesellschaft" in Massen produziert. Der Vergleich „Verpackung früher und heute" soll aufzeigen, wo die Gründe für das Ansteigen der Abfallberge liegen.
Dem kann man mit der Vermeidung von Verpackungen entgegenwirken. Die Kinder sollen sich selbst beobachten, wo und wie sie Abfall vermeiden können. Die Trennung von Abfällen, aufgezeigt am Beispiel Glas, ist der nächste Schritt, Rohstoffe und Energie zu sparen und die Umwelt zu schonen. Ein Umweltspiel, das von den Kindern erweitert und ergänzt werden kann, dient der Aktualisierung und Vertiefung der Kenntnisse. Ein kleines Lexikon zum Abfall und zur Abfallbeseitigung greift noch einmal wichtige Begriffe aus diesem Bereich auf.
Die hier angebotenen Materialien verstehen sich als eine Auswahl an Möglichkeiten, aus denen Sie wiederum eine Auswahl treffen können. Bewusst sind einige Seiten in gleicher Weise gestaltet. Die Kinder gewinnen so Sicherheit im Umgang mit den Arbeitsblättern und können in der Lernwerkstatt selbstständig mit ihnen umgehen.
Insgesamt sollen die Kinder nicht nur ein vertieftes Wissen, sondern auch wichtige technische und methodische Kompetenzen erwerben und das „Lernen lernen".
Dazu bietet auch dieser Band eine Fülle von Ideen und Anregungen.

Viel Spaß und Erfolg beim Einsatz dieser Arbeitshilfen wünscht Ihnen
Karl-Walter Kohrs

1 Bei uns zu Hause

Überlegungen und Anregungen zur Didaktik und Methode:

Tragfähige Grundlagen

Kenntnisse	Fertigkeiten/ Fähigkeiten	Einstellungen/ Haltungen	Bemerkungen
Hier wohne ich Menschen brauchen Wohnungen Ich richte eine Wohnung ein Mein Zimmer Möbel für mein Zimmer			**S. 7 S. 8 S. 9 S. 10 S. 11**
Die Kinder • wissen, dass Menschen Wohnungen brauchen, um ihr eigenes Leben gestalten zu können, • erfahren, dass es für jeden Raum bestimmte Möbel und Einrichtungen gibt.	• zeichnen das Haus, in dem sie wohnen, • kleben die Möbel in die Zimmer ein, • sprechen über die Funktion der einzelnen Räume, • bilden ihr eigenes Zimmer nach oder gestalten ein Kinderzimmer, wie sie es gern hätten.	• erkennen, dass die Wohnung Heimat für die ganze Familie ist, • gewinnen ein Verhältnis zu ihrem Zimmer und der Einrichtung, • gehen kreativ bei der Einrichtung ihres Zimmers vor.	Die Erkundung des Raumes beginnt mit dem, was den Kindern am nächsten liegt: mit der Wohnung. Hier ist ihr Zuhause, hier sind sie daheim. So malte ein Kind sein Haus.  Deutlicher kann man nicht zeigen, was das Haus für ein Kind bedeuten kann. Darauf sollte der Unterricht behutsam eingehen.
Wir wohnen alle in einem Haus Was die Nachbarn stören könnte			**S. 12 S. 13**
Die Kinder • erfahren, dass in einem Haus sehr unterschiedliche Menschen wohnen, • denken darüber nach, dass ihr Verhalten die Nachbarn stören könnte.	• sprechen über die Abbildung und erzählen von den Nachbarn, • stellen Situationen nach, die die Nachbarn stören könnten, • erzählen, wann sie sich selbst durch Nachbarn gestört fühlen.	• erfahren, dass gegenseitige Rücksichtnahme Voraussetzung für das Zusammenleben ist, • werden sensibel dafür, was die Nachbarn stören könnte.	Alle Kinder machen Erfahrungen mit Nachbarn. Wie auch immer diese Aussehen, sie sollten zur Sprache kommen. Am Ende sollte die Erkenntnis stehen, dass gegenseitige Rücksichtnahme wichtig für das Zusammenleben ist.
Häuser bei uns Welche Klingel gehört zu welchem Haus? Unsere Straße Was Kinder sich für ihre Straße wünschen			**S. 14 S. 15 S. 16 S. 17**
Die Kinder • wissen, dass es unterschiedliche Arten und Formen des Wohnens gibt, • erfahren, dass es zu jeder Klingel eine Wohnung gibt, • wissen, dass Nachbarn aufeinander angewiesen sind.	• benennen die unterschiedlichen Wohnmöglichkeiten, • diskutieren Vor- und Nachteile der verschiedenen Wohnformen, • bauen ein Modell ihres Hauses, • bauen mit den Hausmodellen ihre Straße nach.	• lernen, mit den Unterschieden umzugehen, • lernen, dass jede Wohnsituation Vor- und Nachteile bietet, • überlegen, wie sie die Verkehrsverhältnisse in ihrer Straße beeinflussen können.	Die Kinder berichten vom Leben in ihrer Straße und unterscheiden Wohnstraßen und Geschäftsstraßen. Ein Gang durch den Schulbezirk und ein Foto jedes Kindes von seinem Wohnhaus machen deutlich, wo und wie die Kinder wohnen. Wichtig ist es auch, die Spielmöglichkeiten der Kinder zu reflektieren. Hier könnte man mit den Wünschen der Kinder ansetzen.

Name	Datum			

Hier wohne ich

❖ Klebe oder male ein Bild von deinem Wohnhaus in das Feld!

❖ Schreibe auf!

Ich heiße:

Name der Straße:

Name der Stadt:

Unsere Telefonnummer:

Wer noch hier wohnt:

Name	Datum			

Menschen brauchen Wohnungen

In unserem Haus wohnen ______ Familien. Das sind unsere Nachbarn.

Im Erdgeschoss wohnen:

____

In der 1. Etage wohnen:

____

In der 2. Etage wohnen:

____

Im Keller sind die Heizung, Waschküche und Abstellräume.

Name | Datum

Ich richte eine Wohnung ein

❖ Schneide die Abbildungen rechts aus und klebe sie in den Grundriss der Wohnung ein!

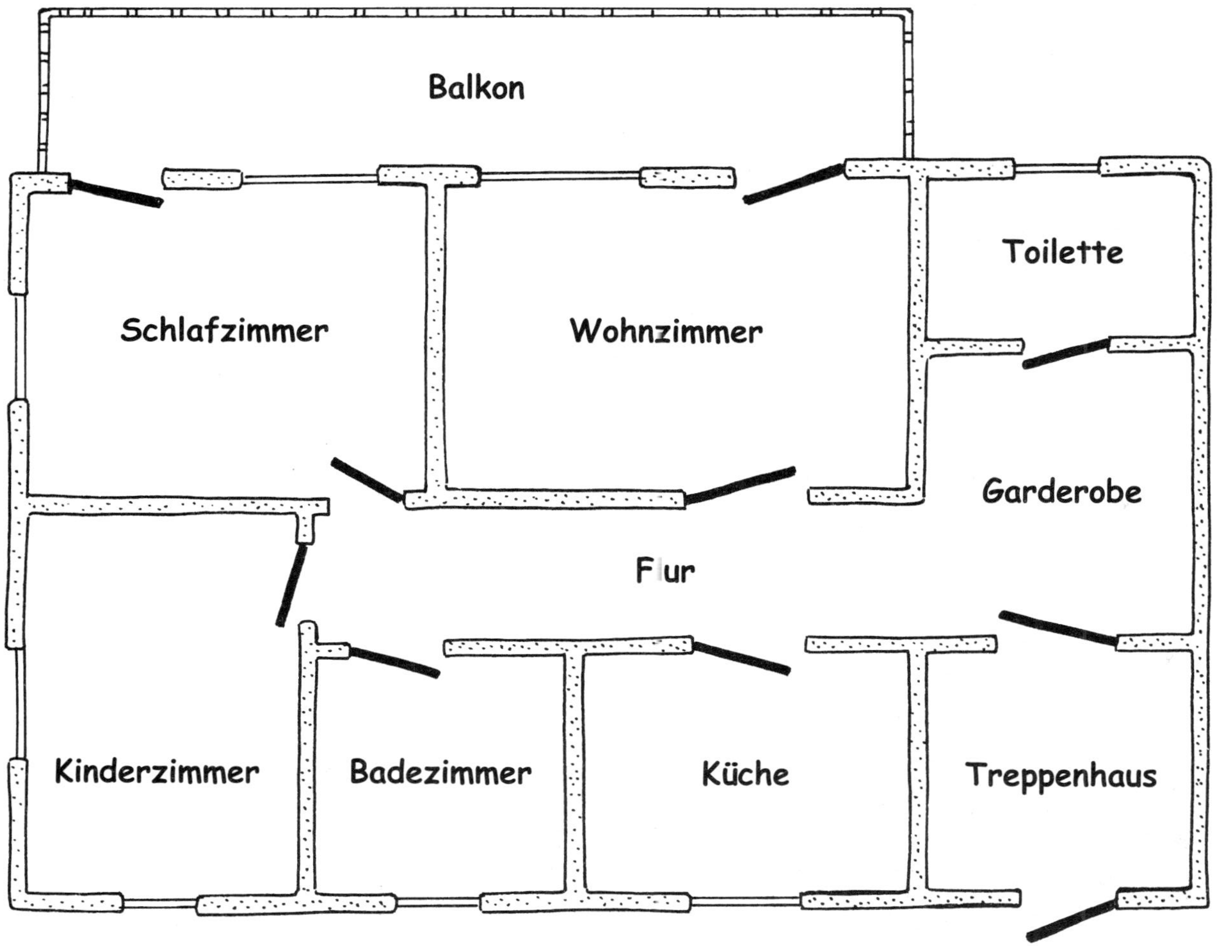

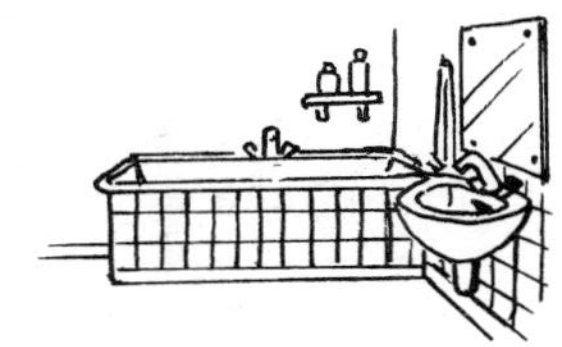

Name	Datum			

Mein Zimmer

- Wähle Möbel von der Seite 11 aus. Schneide sie aus und richte dieses Zimmer für dich ein! Klebe die Möbel aber erst dann auf, wenn du mit deiner Einrichtung zufrieden bist!
- Du kannst aber auch einen eigenen Grundriss von deinem Zimmer zeichnen und diesen einrichten.

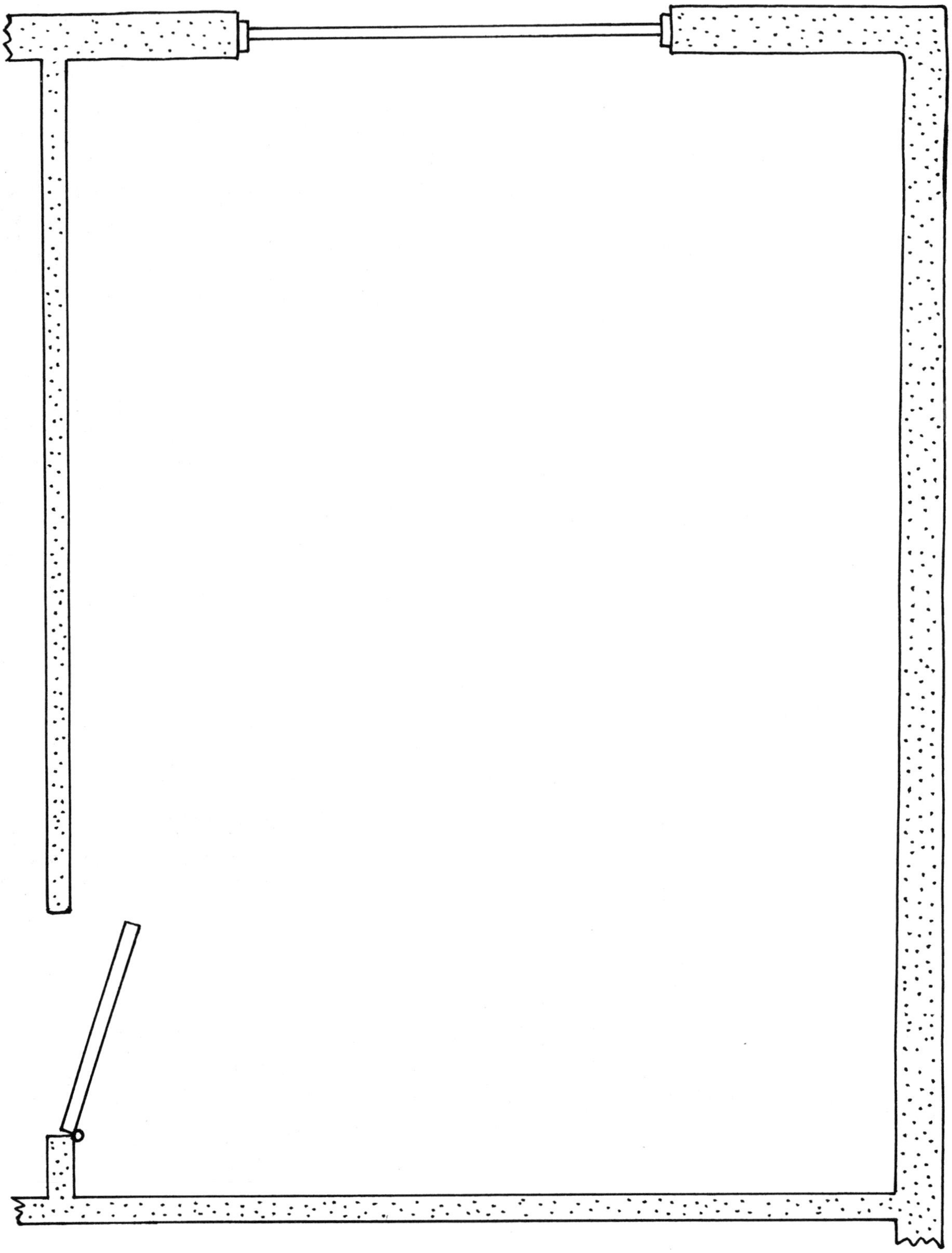

Name	Datum			

Möbel für mein Zimmer

❖ Schneide die Bilder der Einrichtungsgegenstände aus und klebe sie in den Grundriss auf Seite 10 oder in deinen eigenen Grundriss von deinem Zimmer!

Name	Datum			

Wir wohnen alle in einem Haus

- ❖ Schau dir das Bild genau an!
- ❖ Wie viele Wohnungen gibt es in diesem Haus?
- ❖ Was erzählen die Bilder von den Menschen in den einzelnen Stockwerken?
- ❖ Wie ist das bei dir zu Hause?

Name	Datum			

Was die Nachbarn stören könnte

❖ Sieh dir jedes Bild genau an und kreuze an, was du meinst!

1

ja ☐ nein ☐

2

ja ☐ nein ☐

3

ja ☐ nein ☐

4

ja ☐ nein ☐

5

ja ☐ nein ☐

6

ja ☐ nein ☐

7

ja ☐ nein ☐

8

ja ☐ nein ☐

9

ja ☐ nein ☐

10

ja ☐ nein ☐

11

ja ☐ nein ☐

12

ja ☐ nein ☐

❖ Vergleiche deine Entscheidungen mit deinem Nachbarn!
❖ Sprecht darüber! Es muss nicht überall gleich sein.

Name	Datum			

Häuser bei uns

❖ Trage die passenden Buchstaben in die Kreise ein!

A **Mehrfamilienhäuser**

B **Hochhäuser**

C **Reihenhäuser**

D **Einfamilienhäuser**

Name	Datum			

Welche Klingel gehört zu welchem Haus?

❖ Ordne den Buchstaben die richtige Ziffer zu!

A

E

D

B

C

5

2

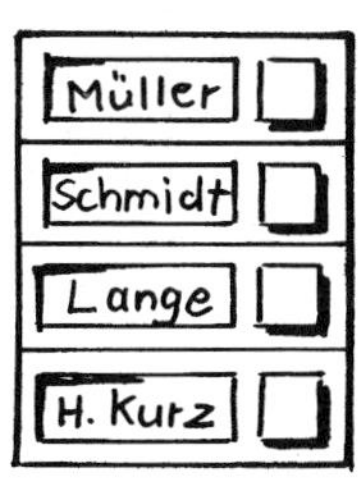

3

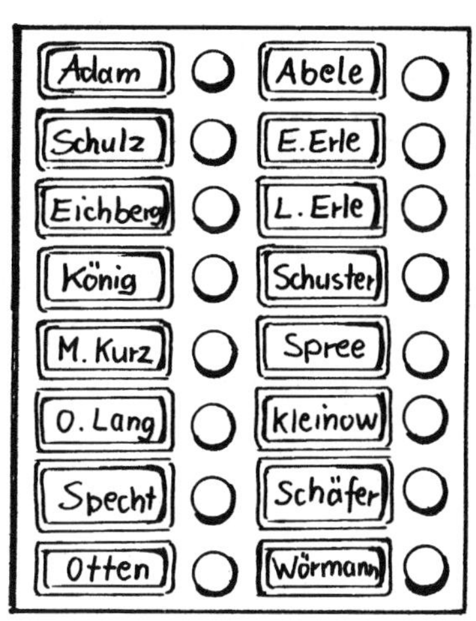

4

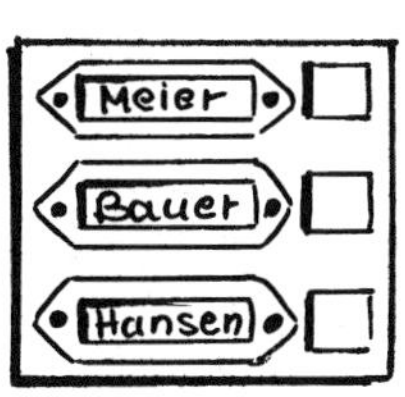

1

Name	Datum

Unsere Straße

- ❖ Schau dir das Bild gut an!
- ❖ Sprich mit einem Nachbarn über das Bild!
- ❖ Zeichne ein Bild von der Straße, in der du wohnst!

Name	Datum			

Was Kinder sich für ihre Straße wünschen

Spielen auf der Straße.

Autos und Motorräder fahren langsam, Radfahrer passen auf.

Alle achten auf spielende Kinder.

❖ Schreibe in die Sprechblasen, was sich die Kinder wünschen!

❖ Was wünschst du dir für deine Straße?

2 Schule und Schulweg

Überlegungen und Anregungen zur Didaktik und Methode:

Tragfähige Grundlagen			
Kenntnisse	**Fertigkeiten / Fähigkeiten**	**Einstellungen / Haltungen**	**Bemerkungen**
Das ist meine Schule Pauls Schule (1) Pauls Schule (2) Kennst du deine Schule?			**S. 19 S. 20 S. 21 S. 22**
Die Kinder • kennen alle Gebäude ihrer Schule, • wissen, wo die verschiedenen Klassen- und Nebenräume sind, • kennen die Namen der Lehrer an ihrer Schule.	• machen ein Foto oder malen ein Bild von ihrer Schule, • vergleichen ihre Bilder, • bauen ein Modell von ihrer Schule, • fertigen einen Umrissplan von ihrer Schule an.	• bauen ein Verhältnis zu ihrer Schule auf, • identifizieren sich mit ihrer Schule, • fühlen sich in dieser Schule wohl.	„Meine Schule ist die schönste und beste auf der ganzen Welt“, prahlte ein Kind am Ende des ersten Schuljahres. Hier ist die Identifizierung gelungen. Das kann man sich nur für alle Kinder wünschen.
Mein Klassenzimmer Möbel für mein Klassenzimmer			**S. 23 S. 24**
Die Kinder • erfahren, dass sie ihren Klassenraum sehr unterschiedlich einrichten können, • wissen, dass die Aufstellung der Tische mit der Art und Form des Unterrichts zu tun hat.	• stellen die Möbel in ihrem Klassenraum nach, • gestalten den Klassenraum mit den vorhandenen Möbeln nach eigenen Vorstellungen, • machen Vorschläge zur Veränderung.	• erfahren den Klassenraum als ihren Raum, • entwickeln eigene Vorstellungen über seine Einrichtung, • nehmen auf diese Einfluss, • übernehmen Verantwortung für ihren Klassenraum.	Es empfiehlt sich, den Grundriss des Klassenraumes zu vergrößern. Vielleicht sollten die Kinder zunächst die Einrichtung des Klassenraumes nachgestalten. Dazu müssen nicht alle Möbel der Vorgabe Verwendung finden. In einem zweiten Versuch sollten die Kinder die Möglichkeit haben, eigene Vorstellungen einzubringen, ihre Vorschläge zu begründen und zu erproben.
Claudias Weg zur Schule Mein Schulweg Wie kommen die Kinder meiner Klasse zur Schule?			**S. 25 S. 26 S. 27**
Die Kinder • erfahren, dass der Schulweg für die Kinder unterschiedlich ist, • kennen die Gefahrenstellen ihres Schulweges, • kennen die Gebäude, an denen sie vorbeikommen, • wissen, wie die Mitschüler zur Schule kommen.	• beschreiben Claudias Weg zur Schule, • benennen die Gefahrenstellen auf Claudias Schulweg, • beschreiben und zeichnen den eigenen Schulweg, • benennen und zeichnen wichtige Gebäude ein, • beschreiben und benennen die Gefahrenstellen des eigenen Schulweges, • führen eine Untersuchung, wie ihre Mitschüler zur Schule kommen.	• entwickeln Sicherheit und Selbstständigkeit, den Schulweg allein zu gehen, • gehen mit anderen Kindern, die den gleichen Schulweg haben, gemeinsam zur Schule, • lernen, sich an den gefährlichen Stellen verkehrsgerecht zu verhalten.	Der Schulweg spielt gerade für die Lernanfänger eine wichtige Rolle. Hier gilt die alte Regel: So viel Freiheit wie möglich, so viel Aufsicht wie nötig. Das sollten die Eltern wissen. Das sollte aber auch im Unterricht berücksichtigt werden. Verkehrssituationen und Verhalten auf dem Weg zur Schule sollten immer wieder angesprochen und situationsgerecht trainiert werden. Hier besteht ein enger Zusammenhang mit dem Kapitel vier dieses Buches.

Name	Datum			

Das ist meine Schule

❖ Klebe ein Bild deiner Schule ein!
❖ Du kannst auch selbst ein Bild deiner Schule malen!

❖ Schreibe auf!

Ich wohne in:

Der Ortsteil heißt:

Die Schule heißt:

Name der Straße:

Die Telefonnummer der Schule ist:

Ich bin in der Klasse:

Name	Datum			

Pauls Schule (1)

Paul hat ein Modell von seiner Schule aus Pappe gebastelt.

❖ Ziehe weitere Linien!

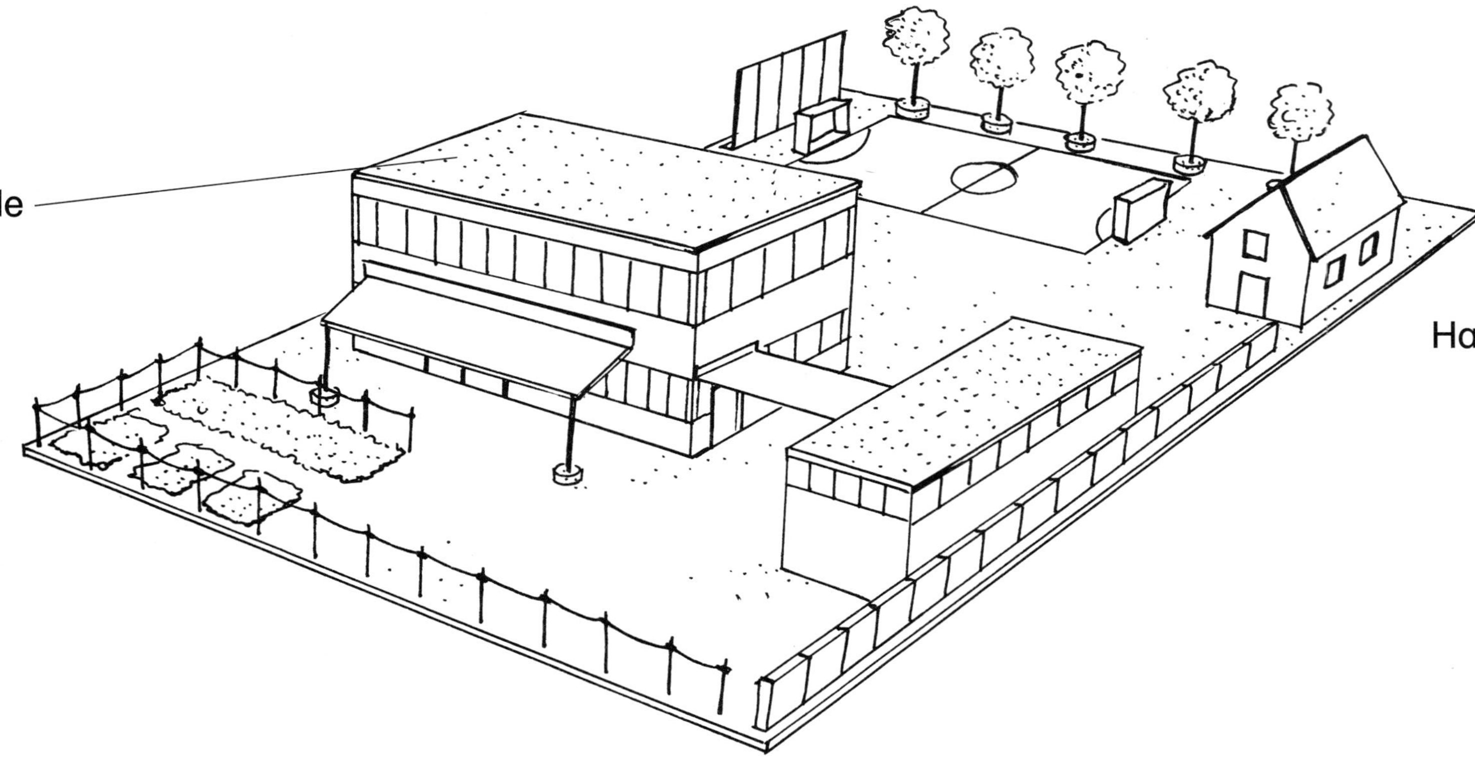

Schulgebäude

Regendach

Schulgarten

Schulhof

Turnhalle

Hausmeisterhaus

Spielfeld

❖ Versucht, eure Schule nachzubauen! Ihr benötigt dazu: festes Papier, Pappe (Pappschachteln), Zahnstocher und kleine Schwammstücke (Styroporstückchen) für Bäume und Sträucher und eine große Pappe, auf die ihr die Gebäude stellt. Achtung: Noch nicht festkleben!

❖ Fotografiert das Modell und klebt das Foto in euer Heft ein! Beschriftet!

Name | **Datum**

Pauls Schule (2)

Hier siehst du einen Grundriss von Pauls Schule. Er hat ihn nach seinem Modell gezeichnet.
❖ Vergleiche mit dem Arbeitsblatt Seite 20!
❖ Ziehe weitere Linien!

Schulgebäude

Regendach

Schulgarten

Schulhof

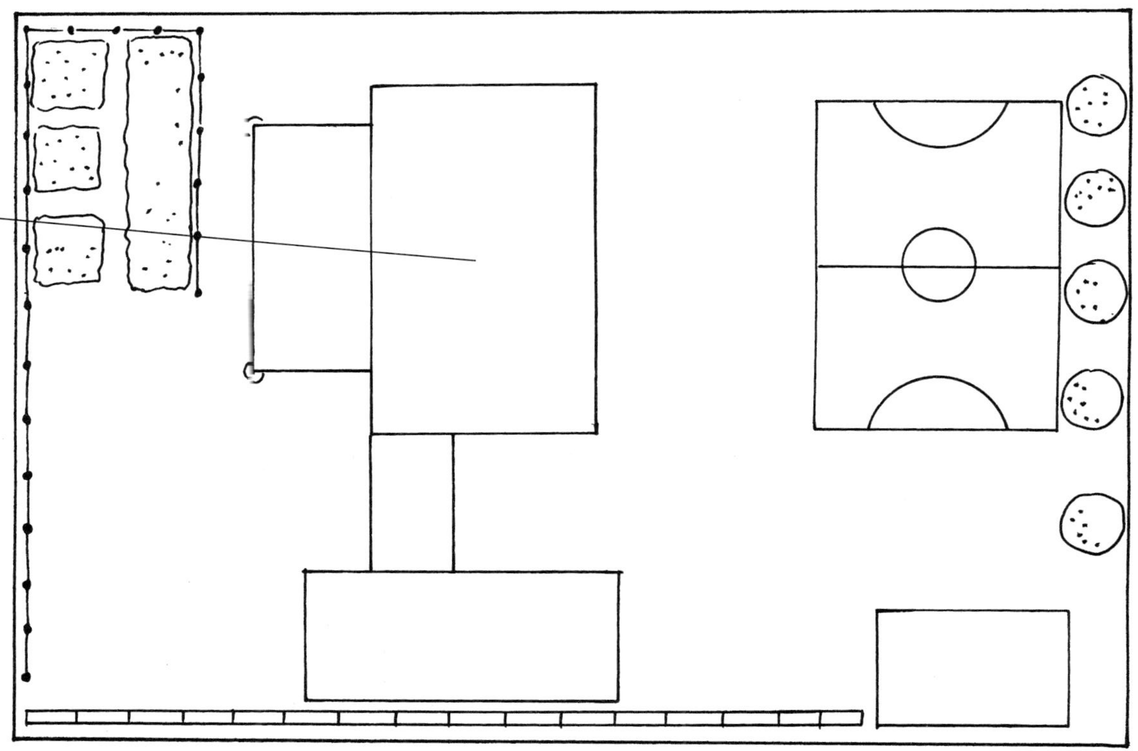

Turnhalle

Hausmeisterhaus

Spielfeld

❖ Macht es nun genauso wie Paul! Zeichnet einen Grundriss eurer Schule! Umfahrt dazu die Schulgebäude, Mauern, das Spielfeld usw. mit einem Stift. Jetzt könnt ihr die Einzelteile abheben.
❖ Malt die Gebäude rot, die Anlagen und Bäume grün und die Mauern grau an!

Name	Datum			

Kennst du deine Schule?

Wie heißt die Schule?

Wie heißt der Schulleiter/die Schulleiterin?

Wie viele Lehrer/Lehrerinnen unterrichten an der Schule?

Wie viele Kinder werden an der Schule unterrichtet?

Wie heißt die Leiterin der Ganztags-betreuung?

Wie heißt der Hausmeister?

Wie viele Klassenräume sind im 2. Stock? Welche Klassen sind hier untergebracht?	Wie viele Stufen sind es bis zum 2. Stock?	Wie viele Fenster hat ein Klassenraum? Wie viele Lampen hat ein Klassenraum?
Wie viele Klassenräume sind im 1. Stock? Welche Klassen sind hier untergebracht?	Wie viele Stufen sind es bis zum 1. Stock?	Wie viele Fenster hat ein Klassenraum? Wie viele Lampen hat ein Klassenraum?
Welche Räume befinden sich im Erdgeschoss?	Wie viele Eingänge hat die Schule?	Welche anderen Räume hat die Schule?

Name	Datum			

Mein Klassenzimmer

❖ Schneide die Möbel auf Seite 24 aus und richte dieses Klassenzimmer ein!
Klebe die Möbel aber erst dann auf, wenn du mit deiner Einrichtung zufrieden bist!

❖ Du kannst aber auch einen eigenen Grundriss von deinem Klassenzimmer zeichnen.

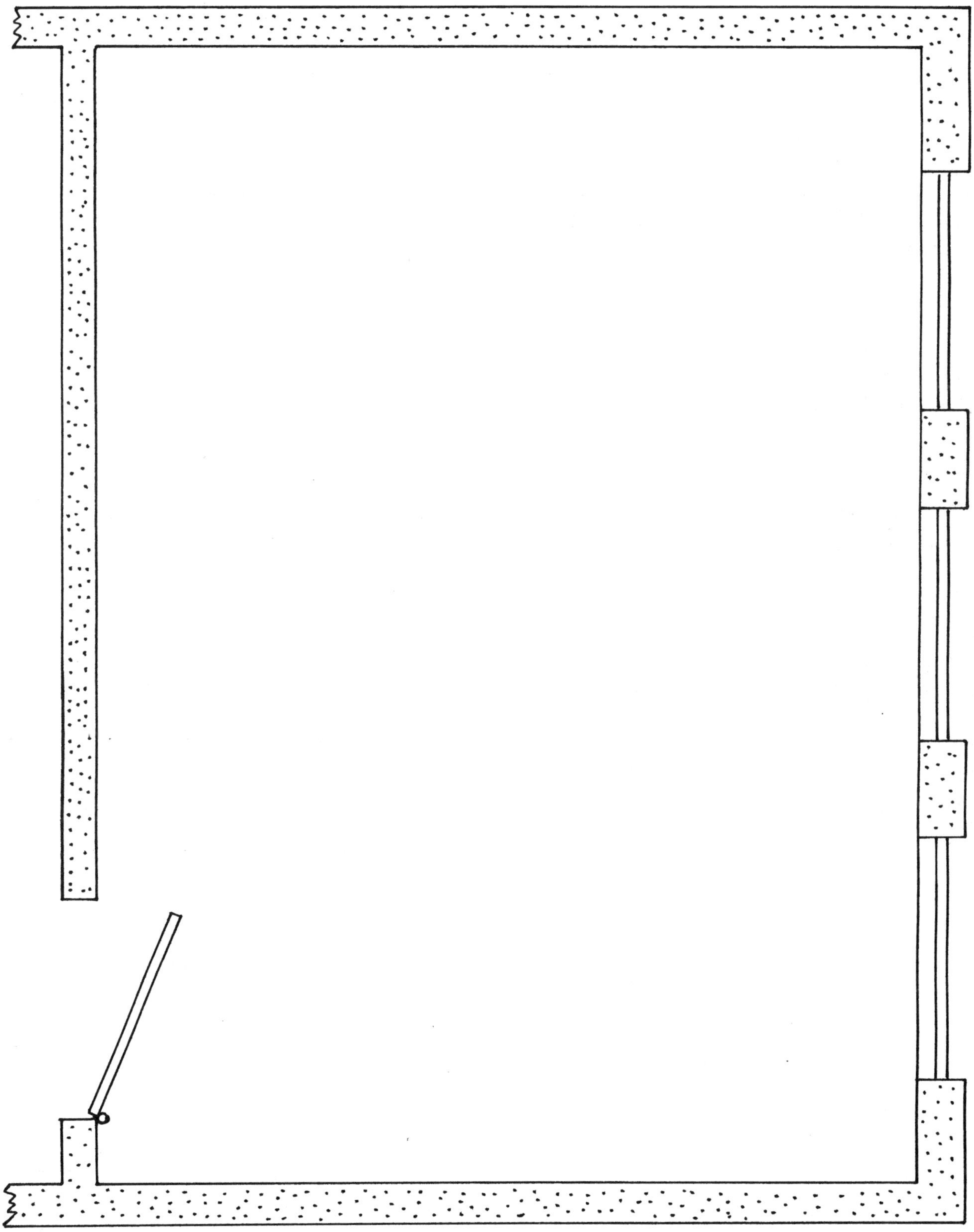

Name	Datum			

Möbel für mein Klassenzimmer

Ausschneidebogen

❖ Schneide die Gegenstände aus und lege die Gegenstände so wie sie in deinem Klassenraum stehen!

Name	Datum			

Claudias Weg zur Schule

❖ Beschreibe Claudias Weg zur Schule!

❖ Wo muss sie besonders aufpassen?

Name	Datum			

Mein Schulweg

❖ Zeichne eine einfache Skizze von deinem Schulweg!

Dein Schulweg beginnt in deinem Wohnhaus. In welcher Straße liegt es?

❖ Schreibe die Namen der Straßen auf, durch die du gehen musst!

Mein Schulweg dauert ______ Minuten.

❖ An welcher Stelle musst du auf deinem Schulweg besonders aufpassen?

Name	Datum			

Wie kommen die Kinder meiner Klasse zur Schule?

❖ Beobachte und mache eine Strichliste!

	Kinder:	Mit dem Autobus kommen insgesamt ☐ Kinder zur Schule.
	Kinder:	Mit dem Auto kommen insgesamt ☐ Kinder zur Schule.
	Kinder:	Mit dem Fahrrad kommen insgesamt ☐ Kinder zur Schule.
	Kinder:	Zu Fuß kommen insgesamt ☐ Kinder zur Schule.

3 Unsere Stadt

Überlegungen und Anregungen zur Didaktik und Methode:

Tragfähige Grundlagen			
Kenntnisse	**Fertigkeiten / Fähigkeiten**	**Einstellungen / Haltungen**	**Bemerkungen**
Wege in die Stadt S. 30 **In der Stadt unterwegs** S. 31			
Die Kinder • lernen, sich in ihrer näheren Umgebung zurechtzufinden, • können einen einfachen Plan lesen, • können Wege zu bestimmten Zielen genau beschreiben, • wissen, wo bestimmte Ziele zu finden sind, • überlegen, wie sie Wege in die/der Stadt umweltfreundlich gestalten können.	• bestimmen in Partnerarbeit Ziele auf dem Plan und legen mit den Pfeilen die Wege, • beschreiben mit Blick auf den Plan die Wege, • beschreiben die Wege auswendig, • erstellen einen Plan von der eigenen Umgebung/vom Stadtteil und beschreiben die Wege.	• kennen sich in ihrer Umgebung aus, • gewinnen Sicherheit, sich in ihrer näheren Umgebung zurechtzufinden, • verhalten sich umweltfreundlich.	Es ist zu überlegen, ob die Kinder zunächst mit dem vorgegebenen fiktiven Plan oder sofort an einem Plan der näheren Umgebung/des Stadtteils arbeiten. Ein solcher Plan könnte von den Kindern selbst erstellt werden. Wichtig ist es, Hin- und Rückwege genau beschreiben zu lassen. Das ist eine gute Gelegenheit für Partnerarbeit. Die Kinder geben sich wechselseitig die Ziele vor und kontrollieren den beschriebenen Weg.
Das gibt es in jeder Stadt S. 32 **Was die Menschen zum Leben brauchen** S. 33 **Wie kommst du in die Stadt?** S. 34 **Gesund bleiben** S. 35 **Alles für die Kinder** S. 36 **Sport für alle** S. 37 **Was die Menschen interessiert** S. 38			
Die Kinder • wissen, was eine Stadt alles haben muss, • wissen, wo sich diese wichtigen Gebäude in ihrer Stadt/in ihrem Stadtteil befinden, • wissen, welche Verkehrsmittel in die Stadt führen, • wissen, wo der nächste Spielplatz ist, • wissen, wo Kindergärten und Schulen sind, • wissen, welche Sportmöglichkeiten es gibt und wo die Sportstätten sind, • wissen, was die Stadt an Bildungsmöglichkeiten bietet und wo sie zu finden sind.	• erzählen, was sie zu den Themen der einzelnen Arbeitsblätter wissen, • vergleichen die angeführten Angebote mit dem Angebot in ihrer Stadt/in ihrem Stadtteil, • suchen die Gebäude auf dem Stadtplan, • besuchen und besichtigen das Rathaus, • besuchen und besichtigen die Feuerwehr, • besuchen und besichtigen die nächste Polizeidienststelle, • machen einen Besuch in der Stadtbücherei, • besuchen die nächsten Sportstätten, • machen einen Besuch im Heimatmuseum.	• wissen die Angebote der Stadt zu schätzen, • nutzen die Angebote der Stadt, • gehen verantwortlich mit den Angeboten um.	Die Kinder sollen einen ersten Eindruck von ihrer Stadt bekommen. Sie sollen ganz einfach erfahren, welche Dienste eine Stadt bietet und um was sich eine Stadt kümmern muss. Die Arbeitsblätter können als Werkstattangebot von den Kindern nach und nach bearbeitet werden. Das schließt aber nicht aus, die einzelnen Themen im Gespräch aufzuarbeiten. Dabei kann ein Auszug aus dem Stadtplan/Stadtteilplan eine wichtige Hilfe sein. Außerdem bietet es sich an, einige Institutionen mit den Kindern aufzusuchen. Nur so bekommen die Kinder einen konkreten Eindruck von ihrer Stadt und von den Menschen, die in dieser Stadt leben und für diese Stadt arbeiten.

Tragfähige Grundlagen

Kenntnisse	Fertigkeiten/ Fähigkeiten	Einstellungen/ Haltungen	Bemerkungen
Die Stadt muss sauber sein			**S. 39**
Die Kinder ● wissen, wer für die Sauberkeit in der Stadt sorgt, ● wissen, dass es viel Mühe macht, die Stadt sauber zu halten, ● kennen den Plan der Abfallentsorgung, ● wissen, wann der Straßenreinigungsdienst kommt, ● wissen, wann Sperrmüll entsorgt wird, ● wissen, wer die Straßenbeete bepflanzt.	● gewöhnen sich daran, Abfälle im Klassenraum und auf dem Schulhof in den Abfallkorb zu werfen, ● beteiligen sich an Aktionen wie „Saubere Schule“, „Unsere Stadt soll sauber sein“, „Frühlingsputz in unserer Stadt“, ● befragen den Fahrer der Kehrmaschine, ● übernehmen Verantwortung für ein Beet an der Straße.	● bekommen einen Blick für die Sauberkeit in ihrer Stadt, ● lernen, die Schönheit der Anlagen zu schätzen, ● übernehmen selbst Verantwortung für die Sauberkeit.	Hier geht es darum, den Blick der Kinder für die Sauberkeit und Pflege der näheren Umgebung, des Stadtteiles/der Stadt zu öffnen. Auch Kinder können zur Sauberkeit in ihrer Umgebung beitragen. Sie sollen wissen, dass jeder Verantwortung für die Sauberkeit in der Stadt hat und nicht nur die Menschen, die daran arbeiten und dafür bezahlt werden.
Kennst du deine Stadt?			**S. 40**
Die Kinder ● kennen die Namen der benachbarten Grundschulen, ● kennen die Straßennamen der näheren Umgebung, ● kennen einige wichtige Arbeitsstätten, ● kennen die Namen einiger Kaufhäuser und Supermärkte, ● wissen, wo die Freizeitangebote in ihrer Stadt zu finden sind.	● kleben den Spielwürfel zusammen, ● spielen das Spiel, ● erfinden neue Spielregeln.	● lernen, ihre Kenntnisse und Erfahrungen einzubringen, ● erweitern im Spiel ihre Kenntnisse von ihrer Stadt.	Das Spiel hat die Funktion, die vorhandenen Kenntnisse und Erfahrungen der Kinder zu ordnen, zu wiederholen und zu vertiefen. Dabei können Formen der Partner- und Gruppenarbeit eingesetzt und geübt werden. Es dürfte den Kindern nicht schwerfallen, eigene Spielregeln zu erfinden und zu erproben.

Name | Datum

Wege in die Stadt

❖ So könnt ihr mit dem Bild umgehen:
Sage, wo du gerade bist und wohin du gehen willst! Fahre mit dem Finger den Weg nach und beschreibe, wie du gehst!

❖ Lege den Weg mit den Pfeilen!

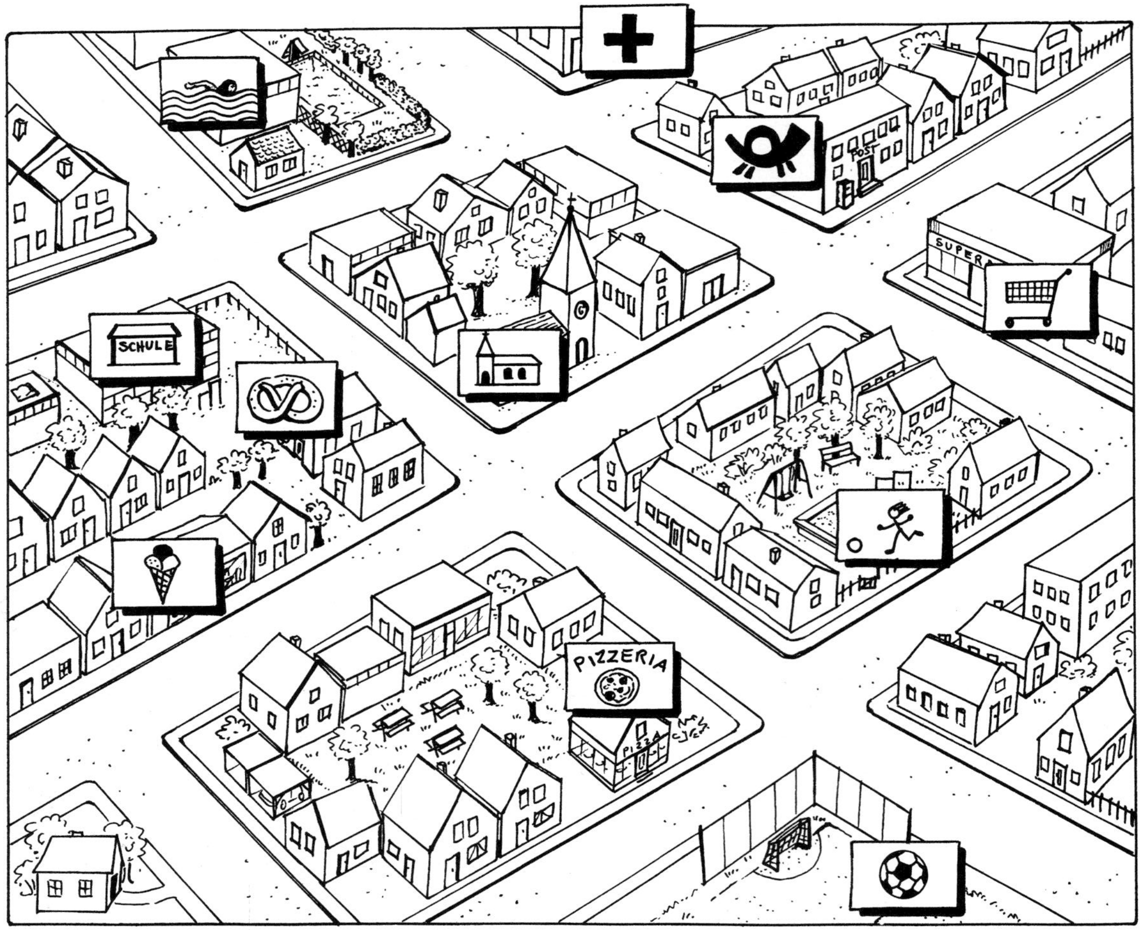

❖ Pfeile rot ausmalen und ausschneiden!

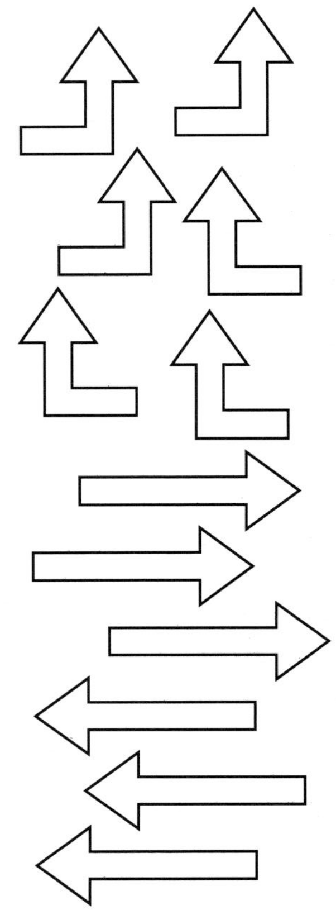

Name	Datum			

In der Stadt unterwegs

				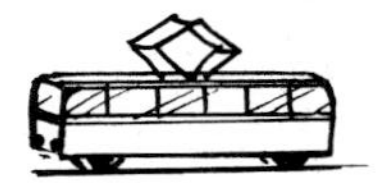		U	S	Sonstige Verkehrsmittel
Brötchen holen								
zur Schule								
nach Hause								
zum Sport								
zu Freunden								
zum Musik-unterricht								
einkaufen								

❖ Mache eine Woche lang eine Strichliste!
❖ Tragt mit einer weiteren Strichliste alle eure Ergebnisse zusammen!
❖ Sprecht über das Ergebnis! Überlegt, wie umweltfreundlich ihr euch verhalten habt!

Name	Datum			

Das gibt es in jeder Stadt

❖ Schreibe zu jedem Bild den passenden Satz!

Hier werden die Toten begraben.
Manche Kirchen sind schon sehr alt.
Die Feuerwehr hilft nicht nur, wenn es brennt.
Von hier aus wird die Stadt verwaltet.

❖ Wo findest du diese Gebäude in deiner Stadt, in deinem Stadtteil?

Name	Datum			

Was die Menschen zum Leben brauchen

Die Stadt braucht Bürger. Die Bürger brauchen Arbeit und Einkaufsmöglichkeiten.

❖ Schreibe zu jedem Bild den passenden Satz!

In Industriegebieten finden viele Menschen Arbeit.
Wo viele Menschen leben, werden auch Handwerker gebraucht.
In der Stadt werden viele Wohnungen gebraucht.
Supermärkte und Geschäfte laden zum Einkauf ein.

❖ Wo findest du das in deiner Stadt, in deinem Stadtteil?

Name	Datum			

Wie kommst du in die Stadt?

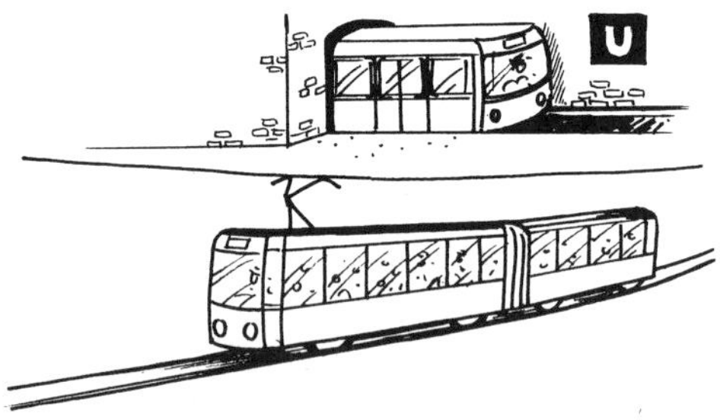	

❖ Schreibe zu jedem Bild den passenden Satz!

Mit dem Bus kommt man fast überall hin.
Straßen müssen gebaut und instand gehalten werden.
Viele Städte haben einen eigenen Bahnhof.
Straßenbahnen oder U-Bahnen verbinden die Stadtteile miteinander.

❖ Kennst du noch andere Angebote zum Verkehr, um die sich die Stadt kümmert?
❖ Wo findest du die nächste Haltestelle, den nächsten Bahnhof?

Name	Datum			

Gesund bleiben

Die Stadt kümmert sich auch um die Gesundheit ihrer Bürger.

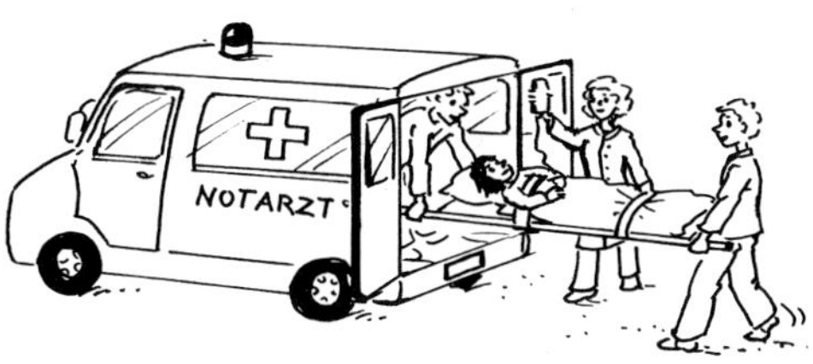	
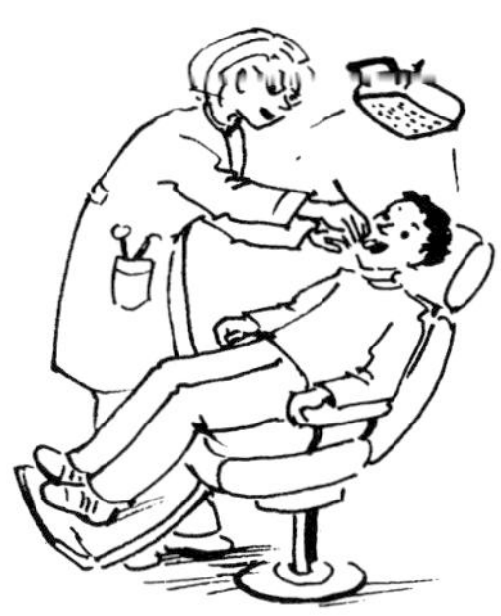	

❖ Schreibe zu jedem Bild den passenden Satz!

Kinderärzte kümmern sich um die Gesundheit der Kinder.
Zur Vorsorge müssen alle regelmäßig zum Zahnarzt gehen.
Ein Notarzt sorgt für schnelle Hilfe.
Manchen Kranken kann nur im Krankenhaus geholfen werden.

❖ Kennst du noch andere Angebote zur Gesundheit?
❖ Wo findest du solche Angebote in deiner Stadt, in deinem Stadtteil?

Name	Datum			

Alles für die Kinder

Die Stadt sorgt für die Kinder.

❖ Schreibe zu jedem Bild den passenden Satz!

Kinder brauchen Spielplätze.
Die Stadt sorgt für Kindergärten in allen Ortsteilen.
Die Stadt baut Schulen und sorgt für die Einrichtung.
Hier können Kinder lernen, ein Instrument zu spielen.

❖ Kennst du noch andere Angebote für Kinder?
❖ Wo findest du solche Angebote in deiner Stadt, in deinem Stadtteil?

Name	Datum			

Sport für alle

Die Stadt macht Angebote für Freizeit und Sport.

❖ Schreibe zu jedem Bild den passenden Satz!

In den Turnhallen trainieren Kinder und Erwachsene.
Auf dem Sportplatz werden Spiele und Wettkämpfe ausgetragen.
Im Freibad oder Hallenbad können wir uns im Wasser tummeln.
Hier können Kinder und Jugendliche mit dem Skateboard trainieren.

❖ Kennst du noch andere Sportstätten, die von der Stadt eingerichtet werden?
❖ Wo findest du solche Angebote in deiner Stadt, in deinem Stadtteil?

Name	Datum			

Was die Menschen interessiert

Die Stadt sorgt für Kultur und Bildung.

❖ Schreibe zu jedem Bild den passenden Satz!

Hier können auch Kinder sich informieren und Bücher ausleihen.
Hier können alle Bürger Kurse besuchen und sich weiterbilden.
Viele Städte haben ein Kunst- oder ein Heimatmuseum.
Manche Städte haben ein eigenes Theater.

❖ Kennst du noch andere Angebote, die von der Stadt eingerichtet werden?
❖ Wo findest du solche Angebote in deiner Stadt, in deinem Stadtteil?

Name	Datum			

Die Stadt muss sauber sein

❖ Schreibe zu jedem Bild den passenden Satz!

Gärtner pflanzen Blumen in die Straßenbeete und Kübel.
Überall sind Papierkörbe für Abfälle aufgestellt.
Ein großer Wagen fährt durch die Straßen und hält sie sauber.
Müllwerker leeren regelmäßig die Abfalltonnen.

❖ Kennst du noch andere Möglichkeiten, wie die Stadt sauber gehalten wird?

Name	Datum			

Kennst du deine Stadt?

❖ Schneide den Würfel sauber aus und klebe ihn zusammen!

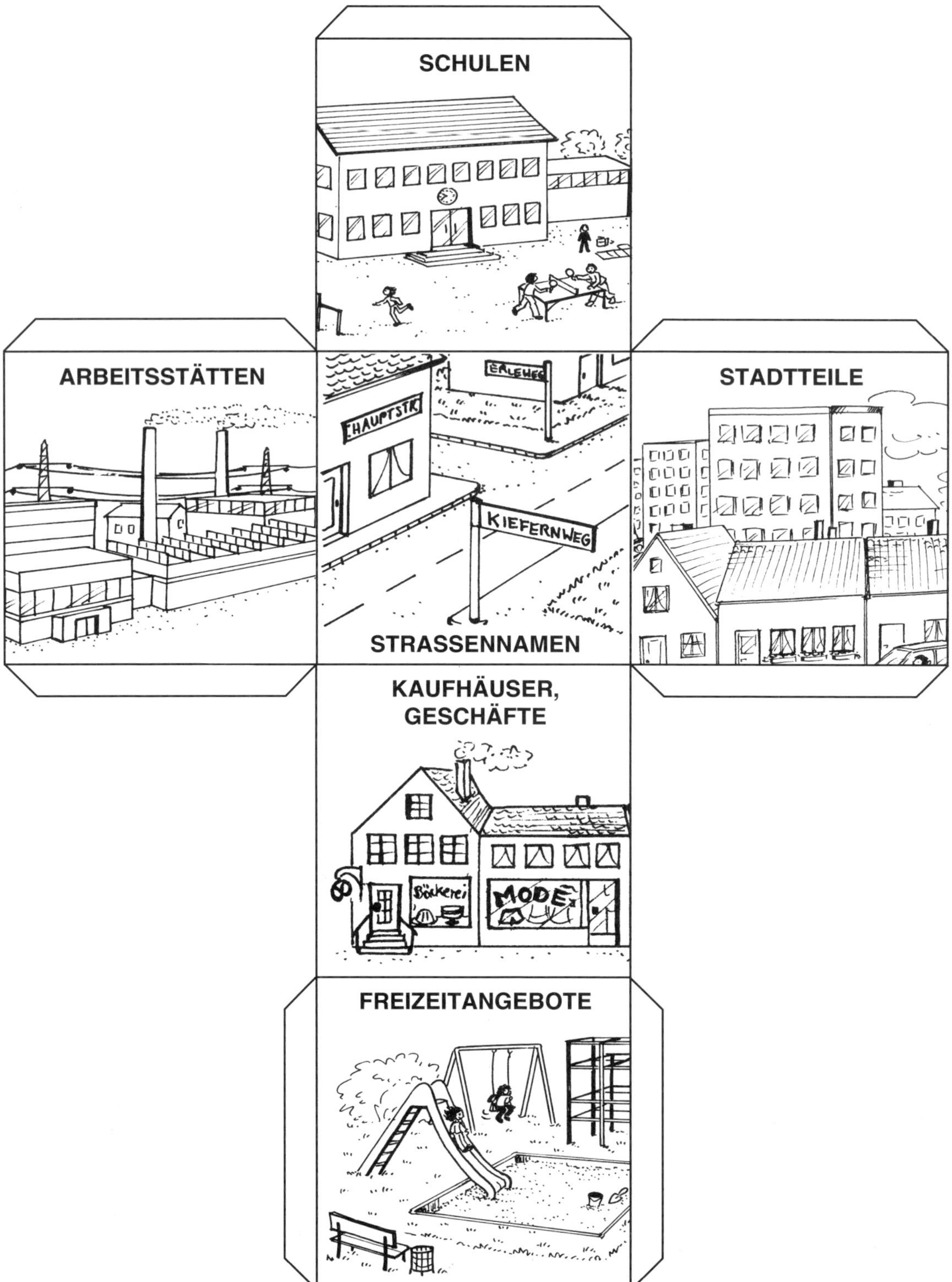

Spielregel:
Wer würfelt, muss zu dem gewürfelten Bereich einen Namen nennen. Ein Schiedsrichter zählt leise bis fünf. Wenn dann keine Antwort genannt wird, muss der Spieler eine Runde aussetzen.
Überlegt euch auch eigene Regeln!

4 Im Straßenverkehr: Verhalten im Straßenverkehr

Überlegungen und Anregungen zur Didaktik und Methode:

Tragfähige Grundlagen			
Kenntnisse	**Fertigkeiten / Fähigkeiten**	**Einstellungen / Haltungen**	**Bemerkungen**
Teilnehmer am Straßenverkehr (1) **Teilnehmer am Straßenverkehr (2)** **Wege und Straßen in der Stadt**			**S. 43** **S. 44** **S. 45**
Die Kinder • wissen, welche Teilnehmer am Verkehr es gibt, • können die Namen der Verkehrsteilnehmer benennen, • kennen die unterschiedlichen Verkehrswege und ihre Bedeutung.	• bearbeiten die Arbeitsblätter, • fertigen ein Modell von einer Straße mit allen Verkehrsteilnehmern an.	• werden sich ihrer Rolle als Verkehrsteilnehmer bewusst, • wissen, dass sie sich im Verkehr umsichtig und rücksichtsvoll verhalten müssen.	Eine Beobachtung am Straßenrand mit einer Strichliste von den Verkehrsteilnehmern könnte eine gute Übung sein. Die Arbeitsblätter sollten nur als Zusammenfassung der konkreten Beobachtungen genutzt werden.
Sicher auf die andere Seite **An der Ampel** **Am Straßenrand** **Wenn du die Straße überqueren willst** **Auf dem Zebrastreifen**			**S. 46** **S. 47** **S. 48** **S. 49** **S. 50**
Die Kinder • wissen, wie sie sich beim Überqueren einer Straße verhalten müssen, • wissen, wie sie sich an der Ampel verhalten müssen, • wissen, wie sie sich am Straßenrand verhalten müssen, • wissen, worauf sie achten müssen, wenn sie die Straße überqueren wollen, • wissen, wie sie sich auf dem Zebrastreifen verhalten müssen.	• kennen das richtige Verhalten beim Überqueren einer Straße, • wenden die Regeln auf einer simulierten Fahrbahn auf dem Schulhof an, • wenden die Regeln auf einer verkehrsarmen Straße an, • spielen die verschiedenen Verhaltensweisen am Straßenrand durch, • erfahren situativ, wie Kinder manchmal die Straße überqueren, • spielen und beobachten das Verhalten von Kindern auf dem Zebrastreifen.	• werden sich des eigenen Verhaltens bewusst, • werden sich der Gefährlichkeit des eigenen Verhaltens bewusst, • verhalten sich umsichtig im Verkehr.	Hier wurden ganz bewusst Situationen aufgegriffen, die im Straßenverkehr immer wieder entstehen, wenn Kinder beteiligt sind. Diese Situationen sollten konkret nachgespielt, von den Kindern beobachtet und analysiert werden. Sicherlich können die Kinder noch mehr Verhaltensweisen einbringen. Auf jeden Fall müssen sie erfahren, dass Unachtsamkeit oder Leichtsinn gefährliche Folgen haben kann. Die Arbeitsblätter können auch zur Nachbereitung und Vertiefung oder als Test eingesetzt werden.

Tragfähige Grundlagen

Kenntnisse	Fertigkeiten / Fähigkeiten	Einstellungen / Haltungen	Bemerkungen
Wenn die Sicht schlecht ist Hier musst du aufpassen			**S. 51 S. 52**
Die Kinder • nennen Situationen, in denen die Sicht schlecht ist, • wissen, wie sie sich in solchen Situationen zu verhalten haben, • können zwischen richtigem und falschem Verhalten unterscheiden, • erkennen und benennen Gefahrenstellen.	• spielen die Situationen nach, • erkennen richtiges und falsches Verhalten, • üben richtiges Verhalten ein.	• sollen sich des eigenen Verhaltens bewusst werden, • sollen sich im Verkehr und auf der Straße aufmerksam bewegen.	Es ist wichtig, mit den Kindern einzuüben, wie sie sich zu verhalten haben, wenn die Sicht schlecht ist. Dabei sollen die Kinder nicht unnötig verunsichert werden. Die Arbeitsblätter bieten Situationen an, die im Spiel beobachtet und analysiert werden können. Die Kinder können aus ihrer Erfahrung sicher weitere Situationen einbringen.
Zeichen geben im Verkehr Zeichen verstehen			**S. 53 S. 54**
Die Kinder • wissen, dass Zeichen im Verkehr ganz wichtig sind, • wissen, welche Zeichen sie in bestimmten Situationen geben müssen.	• können Zeichen geben und entsprechend reagieren, • können Zeichen verstehen und entsprechend reagieren.	• wissen Zeichen als Mittel der Verständigung einzusetzen, • nehmen Rücksicht im Verkehr.	Handzeichen sind im Verkehr sehr wichtig. Darum sollten die Kinder darauf eingestellt sein, auf Zeichen zu reagieren. Auch im Unterricht wird manches leichter, wenn die Kinder lernen, vereinbarte Zeichen zu erkennen und zu befolgen. Die Seiten können Anlass sein, solche Zeichen zu vereinbaren.
Bei Nacht sind alle Katzen grau Graue „Mäuse“ sieht man nicht Sicher mit Blinki			**S. 55 S. 56 S. 57**
Die Kinder • wissen, dass im Dunkeln und bei trübem Wetter die Sicht schlecht ist, • wissen, dass sie in heller Kleidung besser gesehen werden, • wissen, dass sie mit einem Blinki am Tornister oder an der Kleidung besser gesehen werden, • wissen, dass es im Verkehr wichtig ist, zu sehen und gesehen zu werden.	• ziehen die Figur mit heller Kleidung an, • führen den Versuch mit heller und dunkler Kleidung durch, • führen den Versuch auch mit einem Blinki durch.	• wissen, dass sie auch als Fußgänger Verantwortung im Verkehr tragen, • wissen, dass es für den Autofahrer eine große Hilfe ist, wenn sie Fußgänger frühzeitig sehen, • wissen, dass sie viel zur eigenen Sicherheit tun können, • denken selbst daran, dass sie mit dem Blinki besser zu sehen sind.	Zum Weltspartag verschenkte die hiesige Sparkasse an die Kinder der Grundschulen Blinkis, die sie an die Kleidung heften konnten. Am nächsten Morgen konnte man überall Kinder mit den Blinkis auf dem Schulweg sehen. Sie waren nicht nur gut, sondern auch in großer Entfernung zu erkennen. Ein Beispiel, das Schule machen sollte. Leider sind die Blinkis dann nach und nach wieder verschwunden.

Name	Datum			

Teilnehmer am Straßenverkehr (1)

❖ Schneide die Bilder von Seite 44 aus und klebe sie an der richtigen Stelle in diese Abbildung ein!
Dabei musst du auf die Fahrtrichtung achten.

Name	Datum			

Teilnehmer am Straßenverkehr (2)

Name	Datum			

Wege und Straßen in der Stadt

Bürgersteig 	
Fahrbahn 	
Radweg 	
Rad- und Fußweg 	
Landstraße 	
Autobahn 	

❖ Schreibe zu den Bildern den passenden Satz!
Der Bürgersteig ist der Weg für die Fußgänger. Auf der Autobahn dürfen nur Autos und Motorräder fahren. Der Radfahrweg ist nur für Radfahrer. Auf der Landstraße können sich alle bewegen. Manchmal gibt es einen Weg für Fußgänger und Radfahrer. Die Fahrbahn ist für Autos, Motorräder und Radfahrer.

Name	Datum			

Sicher auf die andere Seite

Am Rand der Straße bleiben alle stehen,

schauen nach _ _ _ _ _ _

und schauen nach _ _ _ _ _ _ _ ,

bevor sie auf die Straße gehen.

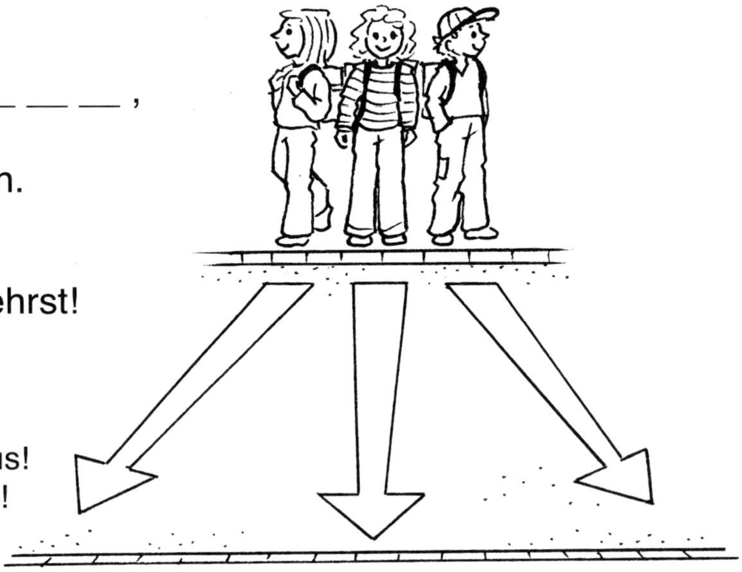

❖ Setze in den Text ein: iklns, cehrst!

❖ Male den richtigen Weg grün aus!
❖ Male die falschen Wege rot aus!

❖ Färbe das Licht in den Ampeln richtig ein!
❖ Kreise richtiges Verhalten grün ein!
❖ Kreise falsches Verhalten rot ein!

Name	Datum			

An der Ampel

Wer darf die Straße überqueren?

❖ Kreise alle Verkehrsteilnehmer grün ein, die gehen oder fahren dürfen! Kreise alle rot ein, die warten müssen!

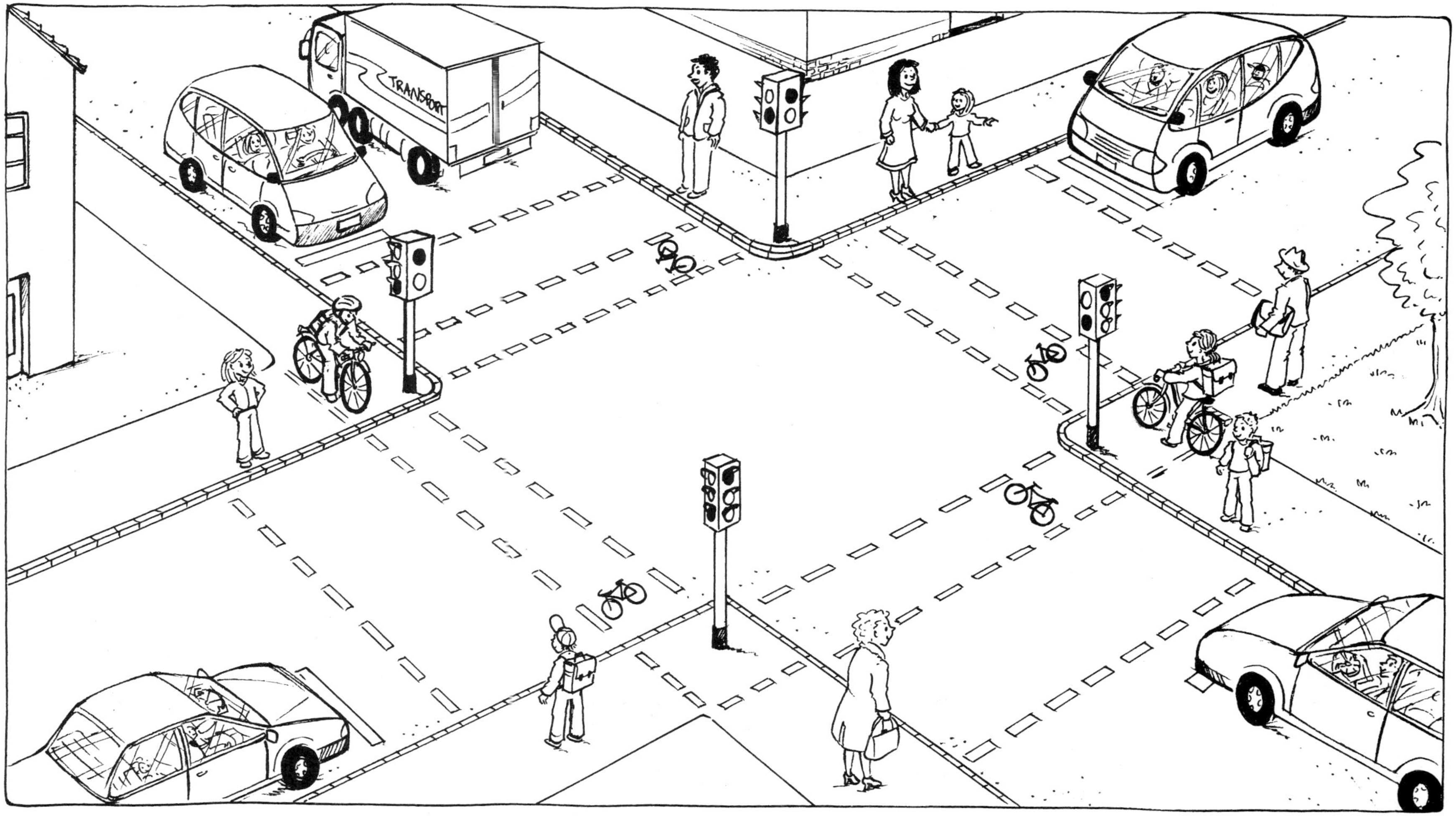

Name	Datum			

Am Straßenrand

❖ Sprecht über die Bilder und erzählt von ähnlichen Situationen!
❖ Umrande die Bilder farbig: richtiges Verhalten grün, falsches Verhalten rot!

Name	Datum			

Wenn du die Straße überqueren willst

❖ Sprecht über die Bilder und erzählt von ähnlichen Situationen!
❖ Umrande die Bilder farbig: richtiges Verhalten grün, falsches Verhalten rot!

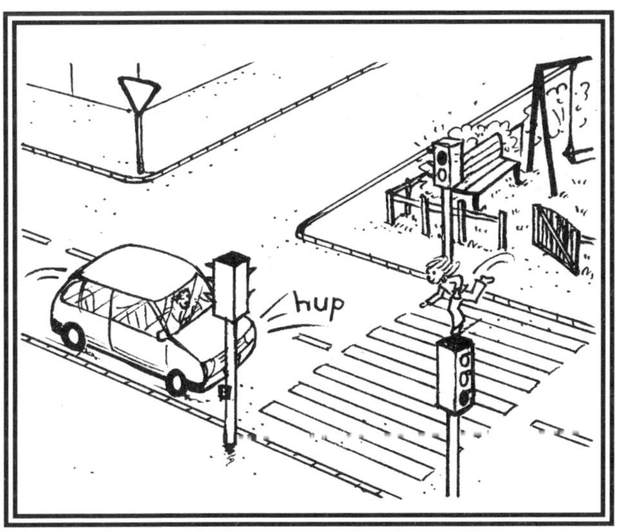

Name	Datum			

Auf dem Zebrastreifen

❖ Sprecht über die Bilder und erzählt von ähnlichen Situationen!
❖ Umrande die Bilder farbig: richtiges Verhalten grün, falsches Verhalten rot!

Name	Datum			

Wenn die Sicht schlecht ist

❖ Sprecht über die Bilder und erzählt von ähnlichen Situationen!
❖ Umrande die Bilder farbig: richtiges Verhalten grün, falsches Verhalten rot!

Name	Datum			

Hier musst du aufpassen

	An einer Hausecke K laufe ich einfach los. H muss ich aufpassen, ob jemand um die Ecke kommt.
	Vor einer Garage oder Toreinfahrt B fahre ich mit dem Roller schnell vorbei. A muss ich darauf achten, ob ein Auto herauskommt.
	Zwischen zwei Autos L warte ich, bis die Fahrbahn frei ist. R komme ich am besten über die Straße.
	Wenn der Ball auf die Straße rollt, T lasse ich ihn rollen, bleibe stehen und achte auf den Verkehr. G renne ich hinterher, um ihn zu holen.

❖ Trage die Buchstaben des richtigen Verhaltens der Reihe nach hier ein!
Dann bekommst du das Lösungswort.

Lösungswort: | | | | |

Name	Datum			

Zeichen geben

S Am Handzeichen sehen die Autofahrer, dass der Radfahrer abbiegen will.

B An der Schutzkleidung erkennen die Autofahrer den Schülerlotsen und fahren vorsichtig.

E Das Auto muss halten. Erst dann darf das Kind auf dem Zebrastreifen die Straße überqueren.

R Halt! Wenn der Schülerlotse das Zeichen gibt, müssen alle Autos halten, bis er die Fahrbahn wieder freigibt.

E Beim Linksabbiegen gut aufpassen, ob die Straße auch frei ist.

M Vorsicht! Es kann auch ein Auto von rechts kommen.

❖ Zu jedem Bild gehören zwei Texte. Ordne sie zu!

1		
2		
3		

Lösungswort: ☐☐☐☐☐☐

❖ Kennst du noch andere Situationen im Verkehr, bei denen man sich durch Zeichen verständigen muss?

Name	Datum			

Zeichen verstehen

Manchmal kann man sich im Verkehr nur durch Zeichen verständigen.
Deshalb muss jeder, der am Verkehr teilnimmt, die Zeichen kennen.

N Der Autofahrer will rechts abbiegen. Er hat den Blinker gesetzt.

G Die Radfahrerin zeigt an, dass sie links abbiegen will.

A Die Kinder wollen die Straße überqueren. Der Autofahrer gibt ein Zeichen.

E Sie wartet, bis die Fahrbahn frei ist, und biegt ab.

F Der Radfahrer hat das gesehen. Er hält an und lässt das Auto vorbeifahren.

U Die Kinder warten, bis das Auto hält, passen auf, ob kein Auto von rechts kommt, und gehen.

❖ Zu jedem Bild gehören zwei Texte. Ordne sie zu!

1		
2		
3		

Lösung:

						A	U		!

❖ Kennst du noch andere Situationen im Verkehr, bei denen man sich durch Zeichen verständigen muss?

Name	Datum

Bei Nacht sind alle Katzen grau

Soll man dich auch im Dunkeln sehen, musst du in heller Kleidung gehen!

Es ist dunkel draußen. Nebel und Regen behindern die Sicht. Lena überlegt, was sie anziehen soll. Kannst du sie beraten? Worauf muss sie achten?

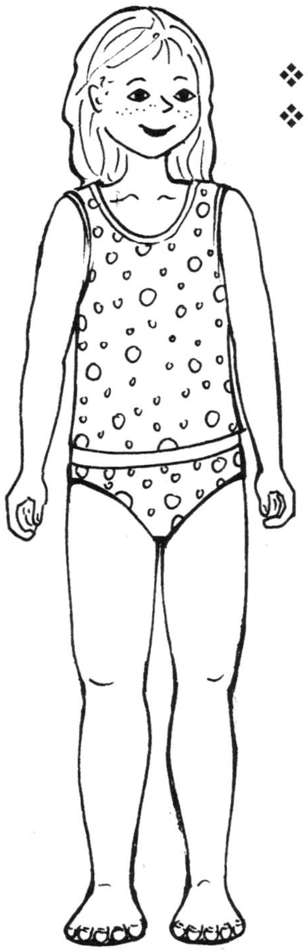

- ❖ Male die Kleidung in hellen Farben aus!
- ❖ Schneide Lena und die Kleidung aus und ziehe Lena an!

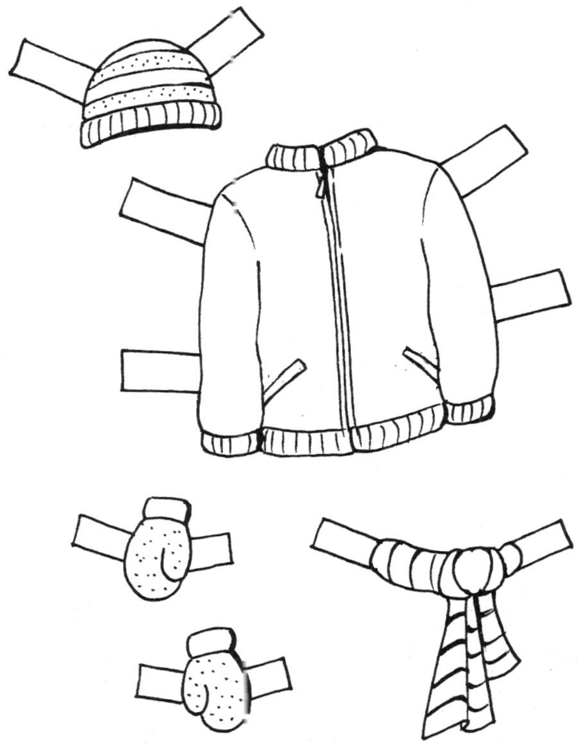

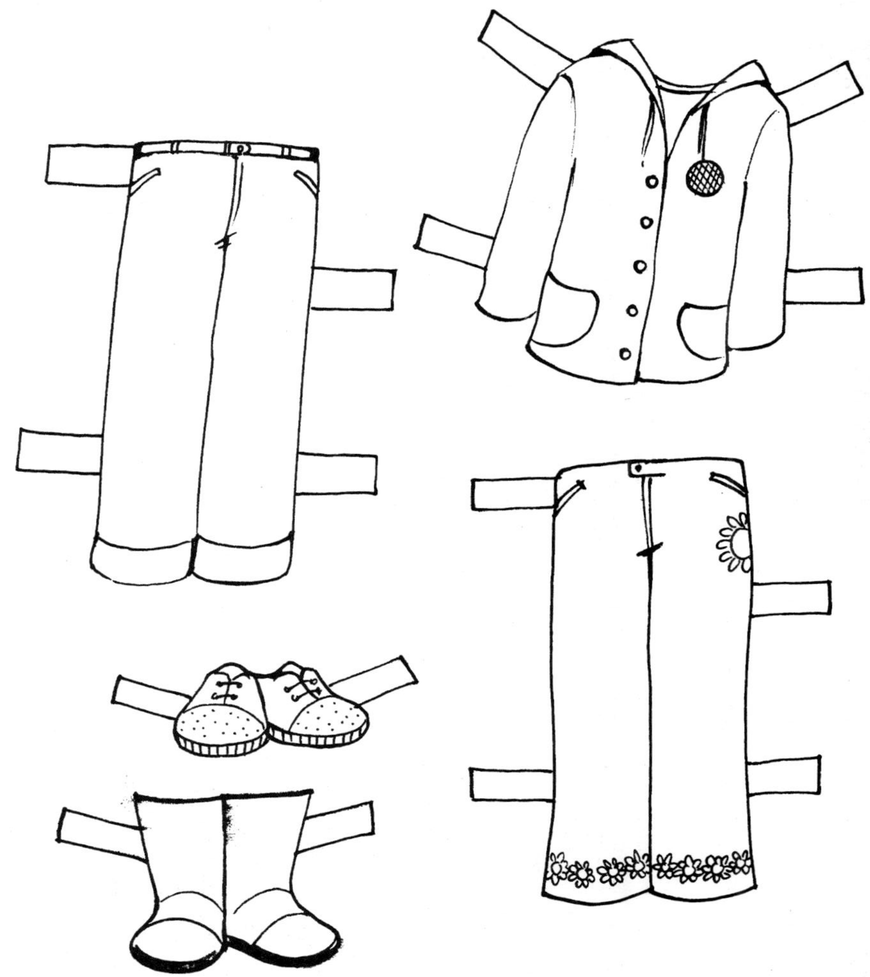

❖ Sprecht darüber, wie jeder Lena angezogen hat! Sieht es gut aus und wird Lena im Dunkeln gesehen?

Name	Datum			

Graue „Mäuse“ sieht man nicht

Lena geht zur Schule. Es ist dunkel und alles ist in weißen Nebel eingehüllt. „Hallo, Lena!“, ruft eine Stimme. Sie sieht nichts, aber sie erkennt Tom an der Stimme. „Wo bist du denn?“ „Hier auf der anderen Straßenseite“, antwortet Tom. „Ich sehe dich nicht.“ „Aber ich sehe dich in deiner gelben Jacke sehr gut!“, ruft Tom.

Im Nebel oder im Dunkeln verschwimmen viele Farben. Nur einige kann man noch erkennen. Mit einem Test könnt ihr herausfinden, welche das sind.

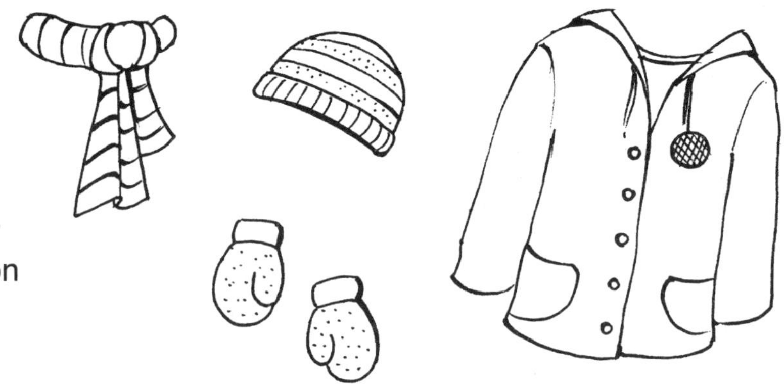

Ihr braucht dazu:

- Schals, Mützen, Handschuhe in verschiedenen Farben
- einige Bogen Butterbrotpapier
- einen Bogen schwarzen Karton

So wird es gemacht:

- die Kleidungsstücke nacheinander auf den Karton legen
- jedes Stück mit dem Butterbrotpapier abdecken

Die Farben wirken jetzt so wie bei dichtem Nebel.

❖ Ordnet die Gegenstände danach, ob sie gut oder schlecht zu sehen sind! Schreibt Kärtchen dazu!

sehr gut zu sehen	**gut zu sehen**	**schlecht zu sehen**

❖ Malt die Mützen in verschiedenen Farben aus, macht den Test und kreuzt an, wie sie zu sehen sind!

	sehr gut zu sehen	**gut zu sehen**	**schlecht zu sehen**

Name	Datum			

Sicher mit Blinki

Autofahrer können im Dunkeln und bei schlechtem Wetter schlecht sehen.
Aber Blinkis sehen sie im Licht der Scheinwerfer viel früher.
Denn Blinkis strahlen das Licht zurück.

Wie Blinkis leuchten, kannst du im Dunkeln mit einer Taschenlampe ausprobieren.

❖ Wo gehört ein Blinki hin?
Fünf Dinge können Blinkis brauchen.
Male sie an und ordne ihre Buchstaben!

Lösungswort: ☐☐☐☐☐

Überlegungen und Anregungen zur Didaktik und Methode:

Tragfähige Grundlagen			
Kenntnisse	**Fertigkeiten/ Fähigkeiten**	**Einstellungen/ Haltungen**	**Bemerkungen**
Verkehrszeichen entdecken S. 59 Verkehrszeichen für Fußgänger S. 60			
Die Kinder ● wissen, dass Verkehrszeichen den Verkehr regeln, ● wissen, wo Verkehrszeichen stehen, ● wissen, dass alle Verkehrsteilnehmer sich an die Verkehrszeichen halten müssen, ● wissen, das es auch für Fußgänger Verkehrszeichen gibt.	● entdecken Verkehrszeichen, ● stellen in einem Straßenmodell selbst Verkehrsschilder auf, ● malen die Verkehrsschilder aus, ● bearbeiten die Arbeitsblätter.	● machen sich bewusst, dass Verkehrszeichen dem Schutz der Verkehrsteilnehmer dienen, ● bedenken, dass Verkehrszeichen nur nützlich sein können, wenn sich alle daran halten.	Bevor die Kinder die verschiedenen Verkehrszeichen kennenlernen, sollten sie sich der Bedeutung und Funktion der Verkehrsschilder bewusst werden. Das geschieht am besten, wenn man von Situationen ausgeht und die Kinder erfahren, dass sie ordnend eingreifen müssen, wenn der Verkehr ungehindert fließen und die Unfallgefahr gemindert werden soll.
Verkehrszeichen, die du kennen musst (1) S. 61 Verkehrszeichen, die du kennen musst (2) S. 62 Verkehrszeichen, die du kennen musst (3) S. 63			
Die Kinder ● kennen die wichtigsten Verkehrszeichen ● können die Bedeutung der Verkehrszeichen beschreiben, ● können sagen, wie sie sich verhalten, wenn sie ein bestimmtes Verkehrszeichen sehen.	● beschriften die Arbeitsblätter, ● schneiden die Karten mit den Verkehrszeichen aus und machen daraus ein Frage- und Antwortspiel, ● schneiden die Bildkarten und die Textkarten aus und machen daraus ein Memory.	● gewöhnen sich an, auf die Verkehrszeichen zu achten, ● bemühen sich, die Hinweise der Verkehrszeichen zu befolgen, ● verhalten sich als verantwortliche Verkehrsteilnehmer.	Es muss den Kindern bewusst werden, dass die Verkehrszeichen zu ihrem Schutz aufgestellt wurden und dass sie ihren Zweck nur erfüllen, wenn alle sich daran halten.
Im Schilderwald S. 64 Welche Schilder würdest du aufstellen? S. 65			
Die Kinder ● erkennen die wichtigsten Verkehrszeichen, ● erkennen die falschen Verkehrszeichen, ● wissen, welche Bedeutung die Verkehrszeichen haben.	● identifizieren die Verkehrszeichen, ● malen die Verkehrszeichen aus, ● entwerfen eigene Verkehrszeichen.	● erfassen die Bedeutung und den Sinn der Verkehrszeichen, indem sie eigene Zeichen entwickeln, ● lernen, die eigene Umwelt zu beobachten und eigene Vorstellungen einzubringen.	Es ist eine gute Übung, die Kinder selbst Verkehrszeichen entwickeln zu lassen.

Name	Datum			

Verkehrszeichen entdecken

❖ Male die Verkehrsschilder in der richtigen Farbe aus!
❖ Schneide sie aus und klebe sie in das passende Bild ein!

Name	Datum			

Verkehrszeichen für Fußgänger

❖ Male die Verkehrsschilder richtig aus!

❖ Schreibe zu jedem Verkehrsschild, was es bedeutet!

nur für Radfahrer | für Fußgänger und Radfahrer nebeneinander

nur für Fußgänger | hier die Straße überqueren | für Fußgänger und Radfahrer

Name	Datum			

Verkehrszeichen, die du kennen musst (1)

L nur für Autos

A nur für Radfahrer

E nur für Fußgänger

P für Radfahrer und Fußgänger

M geradeaus fahren oder rechts abbiegen

Lösungswort: ☐☐☐☐☐

❖ Male die Verkehrsschilder aus!

❖ Setze die Buchstaben an der richtigen Stelle ein und schreibe zu jedem Schild, was es bedeutet!

Name	Datum			

Verkehrszeichen, die du kennen musst (2)

☐ 

☐ 

☐ 

☐ 

☐ 

U Vorsicht, Kinder!

A die Straße wird eng

G Kreuzung

N Achtung, aufpassen!

E gefährliche Kurve (rechts)

Lösung: ☐☐☐☐☐ auf im Straßenverkehr!

- ❖ Male die Verkehrsschilder aus!
- ❖ Setze die Buchstaben an der richtigen Stelle ein und schreibe zu jedem Schild, was es bedeutet!

Name	Datum			

Verkehrszeichen, die du kennen musst (3)

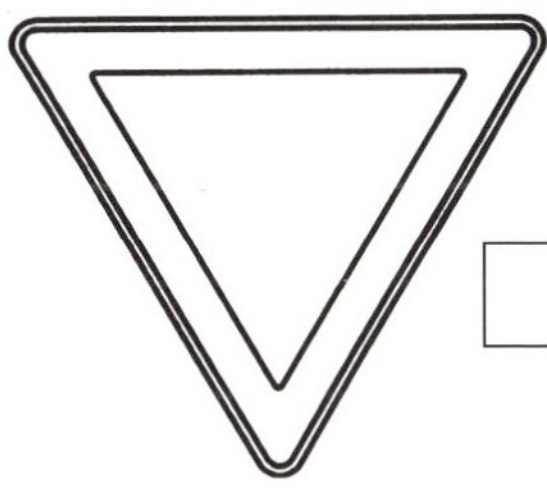

SEN	Vorfahrt beachten
AUF	Vorfahrt an der nächsten Straße
PAS	ich habe Vorfahrt
FAHRT	halten und Vorfahrt beachten
VOR	Vorfahrtstraße biegt nach links ab

Lösung: _ _ _ _ _ _ _ _ _ / _ _ _ _ _ _ _ _ !

- Male die Verkehrsschilder aus!
- Setze die Buchstaben an der richtigen Stelle ein und schreibe zu jedem Schild, was es bedeutet!

L2K

Name	Datum			

Im Schilderwald

❖ Male die Verkehrsschilder aus!
❖ Drei Schilder gibt es nicht. Streiche sie durch!

Name | Datum

Welche Schilder würdest du aufstellen?

❖ Male neue Verkehrsschilder mit deinen Wünschen!

4 Im Straßenverkehr: Mit dem Fahrrad unterwegs

Überlegungen und Anregungen zur Didaktik und Methode:

Tragfähige Grundlagen

Kenntnisse	Fertigkeiten / Fähigkeiten	Einstellungen / Haltungen	Bemerkungen
Blau und rund			**S. 68**
Die Kinder ● kennen die Verkehrszeichen, die für Radfahrer wichtig sind, ● können die verschiedenen Verkehrszeichen unterscheiden.	● malen die Schilder aus, ● ordnen Bilder, Texte und Verkehrszeichen richtig zu, ● spielen die Situationen auf dem Schulhof durch, die zu den Schildern passen, ● sagen, wie sie sich bei diesen Verkehrsschildern verhalten.	● verhalten sich als verkehrsbewusste und verantwortungsvolle Verkehrsteilnehmer.	Bevor die Kinder mit dem Fahrrad auf die Straße gehen, müssen sie für den Verkehr fit gemacht werden. Dazu ist es wichtig, das richtige Verhalten im Schonraum einzuüben. Dazu sind der Schulhof oder auch eine ruhige Straße gut geeignet.
Das kann gefährlich werden			**S. 69**
Die Kinder ● wissen, welches Verhalten für sie gefährlich werden kann, ● wissen, dass solches Verhalten verboten ist, ● wissen, dass sie leichtsinnig und fahrlässig handeln.	● berichten von eigenen Erfahrungen mit dem Fahrrad, ● schreiben eine Geschichte zu Ende.	● versuchen, solches Fehlverhalten zu vermeiden.	Da Kinder immer wieder zu solchem Fehlverhalten neigen, kann nicht eindringlich genug darauf eingegangen werden.
Vorausschauen und sichern **Augen auf und Rücksicht nehmen** **Linien auf der Straße**			**S. 70** **S. 71** **S. 72**
Die Kinder ● wissen, dass im Verkehr nicht alles durch Verkehrsschilder geregelt ist, ● wissen, wie sie sich an unübersichtlichen Stellen verhalten müssen, ● wissen, was die Pfeile auf dem Pflaster bedeuten.	● spielen auf dem Schulhof solche Situationen durch, ● üben richtiges Verhalten ein, ● berichten von eigenen Erfahrungen, ● ordnen die Texte den Abbildungen richtig zu.	● denken daran, vorausschauend und sichernd zu fahren.	Die Kinder müssen auf dem Fahrrad ganz sicher sein, damit sie vorausschauend und sichernd auf den Verkehr und andere Umstände achten können. Im Unterricht können hier wichtige Anregungen gegeben werden.

Tragfähige Grundlagen

Kenntnisse	Fertigkeiten/ Fähigkeiten	Einstellungen/ Haltungen	Bemerkungen
Ist dein Fahrrad verkehrssicher? Fahrrad-TÜV Im Dunkeln muss dein Rad nach allen Seiten funkeln			**S. 73 S. 74 S. 75**
Die Kinder • können die wichtigsten Teile des Fahrrades nennen, • können die Teile, die zur Verkehrssicherheit gehören, von den anderen Teilen unterscheiden, • können ihr Rad auf Verkehrssicherheit überprüfen, • wissen, welche Teile am Rad der Beleuchtung dienen.	• überprüfen ihr eigenes Fahrrad, • veranstalten einen Fahrrad-TÜV, • übernehmen abwechselnd die Rolle des Prüfers, • können selbst leichte Fehler beheben.	• verhalten sich als verkehrsbewusste und verantwortungsvolle Verkehrsteilnehmer, • gewöhnen sich an, die Beleuchtung vor ihrer Fahrt am Abend zu überprüfen.	Nicht immer liegt es an den Kindern, ob ihr Fahrrad verkehrssicher ist. Dennoch müssen sie lernen, die Verantwortung für ihr Fahrrad zu übernehmen. Zu den häufigsten Fehlern der Radfahrer zählt noch immer das Fahren mit fehlerhafter Beleuchtung oder völlig ohne Beleuchtung.
Übung macht den Meister (1) Übung macht den Meister (2) Bist du ein guter Radfahrer?			**S. 76 S. 77 S. 78**
Die Kinder • lernen, mit dem Fahrrad umzugehen, • kennen bestimmte Kriterien, mit denen die Fahrtüchtigkeit beobachtet werden kann, • erkennen, wo sie noch unsicher sind, • wenden Kriterien an, • wissen, worauf es ankommt, • wissen, was sie üben müssen. • wissen, dass Unsicherheit auf dem Fahrrad für sie gefährlich werden kann.	• üben, bestimmte Figuren zu fahren, • trainieren die angegebenen Übungen, • führen die angegebenen Spiele durch, • beobachten das eigene Fahrverhalten, • beobachten das Fahrverhalten anderer Kinder, • wenden Kriterien für die Beobachtung des Fahrverhaltens an, • üben die angekreuzten Richtpunkte, • entwickeln eigene Ideen für die Übungen mit dem Fahrrad.	• schätzen ihre Fertigkeiten richtig ein, • erkennen die Notwendigkeit zum Üben, • gewinnen Sicherheit im Umgang mit ihrem Fahrrad, • gewinnen Vertrauen in ihr Können als Radfahrer.	Kinder lernen eigentlich schnell das Radfahren. Sie sind auch selbst davon überzeugt, dass sie gute Radfahrer sind. Doch der Eindruck kann täuschen. Es kommt darauf an, das Fahrrad perfekt zu beherrschen. Dazu aber bedarf es ständiger und intensiver Übung. Die angeführten Aufgaben können spielerisch im Schonraum geübt und beobachtet werden. Sie sind ein guter Test, wie sicher ein Kind auf dem Fahrrad ist. Hier kann die Schule nur Anregungen geben. Hier sind die Eltern gefragt. Manches können die Kinder auch im Spiel für sich und mit anderen üben. Die Übungen dürfen nur durchgeführt werden, wo kein Verkehr ist.

Name	Datum			

Blau und rund

- ❖ Male die Verkehrsschilder aus!
- ❖ Schneide alle Kärtchen aus und lege sie zusammen, wie sie zueinander gehören!

		Dieser Weg ist nur für Radfahrer. Fußgänger dürfen hier nicht gehen.
		Dies ist ein getrennter Rad- und Fußweg. Die Fußgänger gehen rechts. Die Radfahrer fahren links.
		Dieser Weg ist nur für Fußgänger. Radfahrer müssen ihr Rad schieben.
		Dieser Weg ist für Radfahrer und Fußgänger. Alle nehmen Rücksicht aufeinander und sind vorsichtig.

Name	Datum			

Das kann gefährlich werden

Ich bin schon oft freihändig gefahren. Aber einmal passierte es. Ich verlor das Gleichgewicht und stürzte. Zum Glück hatte ich mir nichts gebrochen. Aber wenn das Auto, das hinter mir war, nicht so stark gebremst hätte, wäre es schlimm ausgegangen.

Nach der Schule sind wir zusammen losgefahren. Es hat Spaß gemacht. Doch plötzlich ...

Wir wollten ein großes Paket mit dem Fahrrad transportieren. Das Rad wackelte hin und her. In der Kurve ...

Um schnell nach Hause zu kommen, hat mich mein Freund auf dem Gepäckträger mitgenommen. Plötzlich musste er bremsen ...

Wir fuhren nebeneinander und versuchten, uns die Hand zu geben ...

❖ Suche dir ein Bild aus und schreibe die Geschichte weiter!

Name	Datum			

Vorausschauen und sichern

Im Straßenverkehr wird nicht alles durch Schilder geregelt. Manchmal heißt es Augen auf und aufpassen, was da kommen könnte.

V Unübersichtliche Ausfahrten sind gefährlich. Deshalb vorsichtig heranfahren.

S Die Radfahrerin muss halten und das Auto vorbeilassen.

C Radfahrer müssen auf der Straße weiterfahren, wenn der Radweg endet.

I Außerdem muss sie auf die Fußgänger achten.

O Die Radfahrerin sollte erst weiterfahren, wenn sie sicher ist, dass der Autofahrer sie gesehen hat.

T Die Autofahrer rechnen aber manchmal nicht damit. Darum muss der Radfahrer anhalten, sich umschauen und ein Zeichen geben.

❖ Zu jedem Bild gehören zwei Texte. Ordne sie zu!

1		
2		
3		

Lösungswort:

		R				H	

❖ Sprecht über die Bilder und erzählt von ähnlichen Situationen!

Name	Datum			

Augen auf und Rücksicht nehmen

Im Straßenverkehr wird nicht alles durch Schilder geregelt.
Manchmal heißt es Augen auf und Rücksicht nehmen.

❖ Sprecht über die Bilder und erzählt von ähnlichen Situationen!
❖ Umrande die Bilder farbig: richtiges Verhalten grün, falsches Verhalten rot!

Name	Datum			

Linien auf der Straße

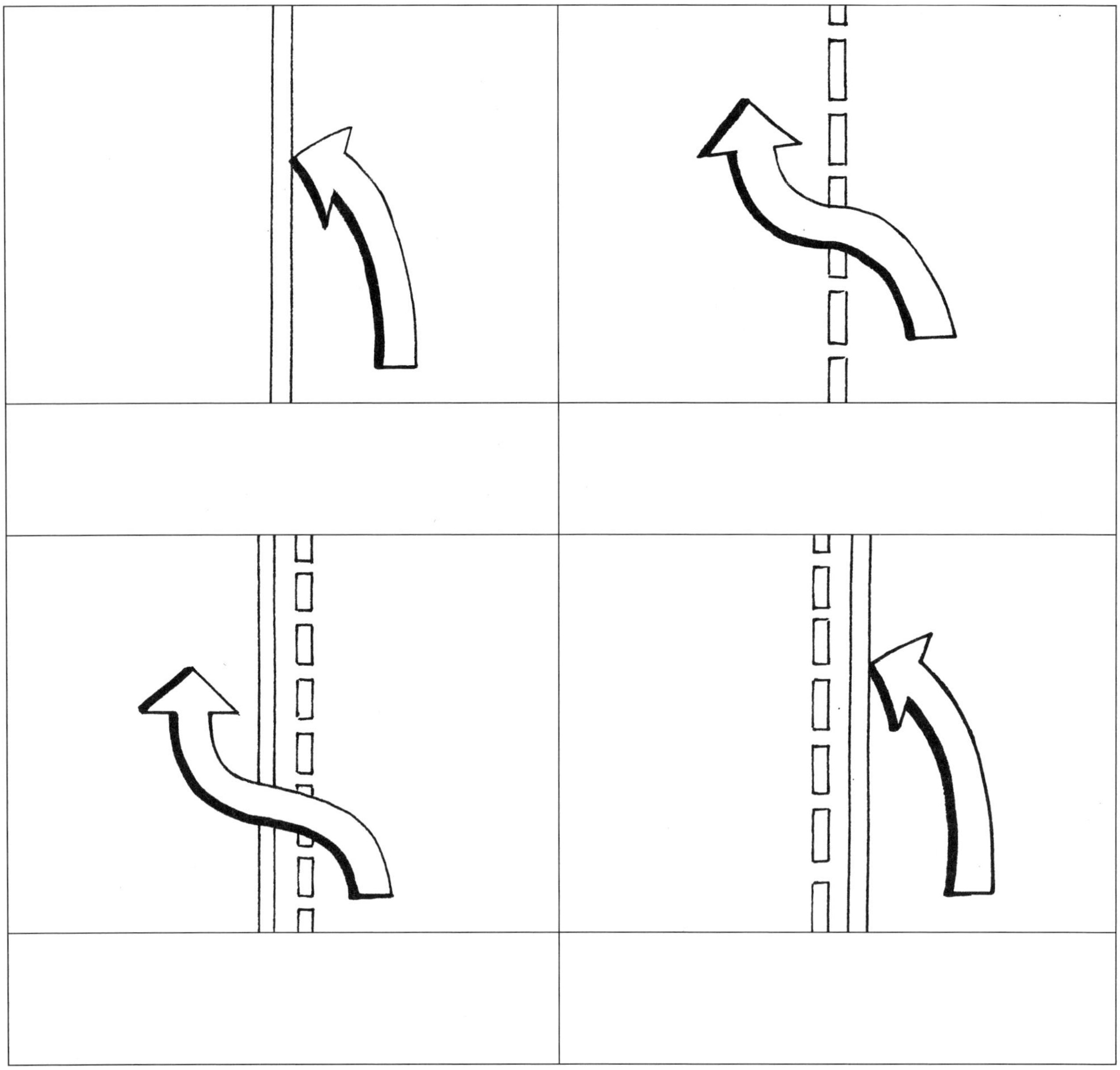

❖ Male die Pfeile rot oder grün aus!
❖ Schneide die Textkärtchen aus und klebe sie an der richtigen Stelle ein!

✂ -

Eine durchgezogene Linie darf nicht überfahren werden.	Eine unterbrochene Linie darf überfahren werden. Natürlich nur, wenn der Verkehr es erlaubt.
Diese Linie darf nur von der Seite überfahren werden, auf der die durchbrochene Linie ist.	Eine durchgezogene Linie darf nicht überfahren werden.

Name	Datum			

Ist dein Fahrrad verkehrssicher?

Auf keinen Fall fehlen dürfen:

						W	E	R							
S	P	E	I												
T									L	E	R				
									T	E					
R	Ü														
						Z									
H	I	N					A	D							
	L														
		O	N	T											
	Y														
			D	E	R										

Tachometer Speichenstrahler Hinterradbremse
Kilometerzähler Vorderradbremse
Kettenschutz Tretstrahler Rückleuchte
Satteltasche Gangschaltung Getränkeflasche
Rückstrahler gute Bereifung
Frontstrahler Abstandhalter Scheinwerfer
Luftpumpe Dynamo Klingel

❖ Die dick gedruckten Kästchen ergeben von oben nach unten gelesen etwas, das ihr auf jeden Fall zum Fahrradfahren braucht.

Name	Datum			

Fahrrad-TÜV

❖ Überprüfe dein Fahrrad und kreuze an!

	vorhanden	funktioniert	funktioniert nicht
① Frontstrahler			
② Scheinwerfer			
③ Speichenstrahler			
④ Tretstrahler			
⑤ Rückstrahler			
⑥ Rückleuchte			
⑦ Vorderradbremse			
⑧ Rücktrittbremse oder Hinterradbremse			
⑨ Klingel			
⑩ Dynamo			

Haben die Reifen Profil?	ja	nein
Sind die Reifen aufgepumpt?	ja	nein

Ist der Lenker fest?	ja	nein
Ist der Sattel fest?	ja	nein

Name	Datum			

Im Dunkeln muss dein Rad nach allen Seiten funkeln

In der dunklen Jahreszeit wird es früh dunkel. Wenn dann noch diesiges Wetter dazukommt, bist du mit deinem Fahrrad für die Autofahrer schlecht zu sehen.
Darum denke daran: „Im Dunkeln muss dein Rad nach allen Seiten funkeln!"

❖ Überprüfe das Rad, ob alle wichtigen leuchtenden Teile vorhanden sind!

-chen- | Front- | -ler | -ler | Tret- | -fer | -leuch- | -ler | -ler | Rück- | Rück- | Spei- | Schein- | -strah- | -strah- | -strah- | -strah- | -te | -wer-

❖ Schreibe auf, worauf du achten musst!

1. ______________________

2. ______________________

3. ______________________

4. ______________________

5. ______________________

6. ______________________

Name	Datum			

Übung macht den Meister (1)

❖ Sucht euch einen großen Platz oder einen breiten Weg, wo keine Autos fahren! Dann kann es losgehen. Aber gut aufpassen und vorsichtig sein!

Wer kann am längsten auf dem Strich fahren?

Links und rechts herum fahren. Abwechselnd nur mit einer Hand lenken.

Mit Joghurtbechern eine enge Gasse bilden und hindurchfahren. Ihr könnt die Gasse auch mit Kreide zeichnen.

Slalomfahren. Als Begrenzung könnt ihr große Joghurtbecher oder Flaschen nehmen.

Wer kann am nächsten an eine Linie heranfahren, ohne sie zu berühren?

Hindernisfahren. Ein Brett auf einen Backstein legen und über das Brett fahren.

Name	Datum			

Übung macht den Meister (2)

❖ Sucht euch einen großen Platz oder einen breiten Weg, wo keine Autos fahren! Dann kann es losgehen. Aber gut aufpassen und vorsichtig sein!

In Gegenrichtung aneinander vorbeifahren. Jeder berührt jedes entgegenkommende Kind mit den Fingerspitzen.

Immer zwei fahren nebeneinander. Vor einem Hindernis ordnen sich alle im Reißverschlussverfahren zu einer Einerreihe.

Slalom mit Zielübung. Zwischen die Joghurtbecher Eimer stellen. Während der Fahrt einen Tennisball in den Eimer werfen.

Ausweichen. Ein anderes Kind wirft einen Joghurtbecher in den Weg.

Auf einem Tisch sind Dosen gestapelt. Während der Fahrt eine Dose wegnehmen und auf einem zweiten Tisch wieder abstellen.

Während der Fahrt mit einem Tennisball auf eine Wand aus Joghurtbechern werfen.

Name	Datum			

Bist du ein guter Radfahrer?

Nur wenn du dein Fahrrad gut beherrschst, kannst du auch in gefährlichen Situationen sofort und richtig reagieren. Suche dir mit einem Partner/einer Partnerin einen ruhigen Ort zum Üben! Führt die angegebenen Fertigkeiten der Reihe nach aus und kreuzt an!

Aufsteigen und Losfahren

- ☐ kann von beiden Seiten auf das Fahrrad aufsteigen
- ☐ kann ohne Hilfen losfahren
- ☐ sitzt sofort im Sattel
- ☐ fährt geradlinig los
- ☐ kann beim Losfahren noch auf andere Dinge achten

Spur halten

- ☐ kann enge Kreise und Bögen nach beiden Seiten fahren
- ☐ kann exakt geradeaus fahren
- ☐ kann während der Fahrt kurzzeitig die rechte oder linke Hand vom Lenker nehmen, ohne in Schlangenlinien zu fahren
- ☐ kann während der Fahrt kurz nach hinten sehen, ohne einen Schlenker zu machen
- ☐ kann während der Fahrt die Klingel betätigen
- ☐ kann kleine Hindernisse sicher überfahren

Ausweichen

- ☐ kann durch rasche Lenk- und/oder Körperbewegung die Fahrtrichtung ändern
- ☐ kann ausweichen, wenn von der Seite plötzlich etwas in den Weg kommt

Bremsen und Anhalten

- ☐ kann mit ausreichender Kraft Hand- und Rücktrittbremse betätigen und vor einer markierten Linie zum Stehen kommen
- ☐ bleibt bis zum Stillstand der Räder auf dem Sattel
- ☐ schafft es, auf Anruf zu bremsen
- ☐ ist in der Lage, vor plötzlichen Hindernissen sofort zu bremsen
- ☐ hält beim Fahren ausreichenden Abstand zu Hindernissen
- ☐ kann kleine Hindernisse sicher überfahren
- ☐ kann sein Fahrrad geschickt und sicher schieben
- ☐ kann sein Fahrrad gut und sicher abstellen

Auswertung:

22 bis 19 Kreuzchen	Du bist schon ein sehr guter Radfahrer! Sorge dafür, dass du so fit bleibst!
18 bis 14 Kreuzchen	Du bist schon ein guter Radfahrer! Wenn du weiter übst, wirst du sicher bald ein Radfahr-Profi.
13 bis 9 Kreuzchen	Du bist schon nicht schlecht! Aber du musst noch mehr trainieren, um sicherer zu fahren!
8 bis 5 Kreuzchen	Für den Anfang geht das. Aber du musst noch viel mehr trainieren, um dein Fahrrad sicher zu beherrschen!

Überlegungen und Anregungen zur Didaktik und Methode:

Tragfähige Grundlagen			
Kenntnisse	**Fertigkeiten/ Fähigkeiten**	**Einstellungen/ Haltungen**	**Bemerkungen**
Verpackung früher S. 80 Verpackung heute S. 81 Minis machen mehr Müll S. 82 Das kurze lange Leben eines Joghurtbechers S. 83 Gut verpackt S. 84 Jeden Tag Abfall vermeiden S. 85			
Die Kinder • wissen, dass früher die Waren lose verkauft wurden und man Verpackungen mitbringen musste, • wissen, dass die Verpackungen einen großen Teil des Abfalls ausmachen, • kennen die unterschiedlichen Formen der Verpackung, • wissen: je kleiner die Menge verpackter Ware, desto mehr Abfall entsteht, • wissen, dass die Entsorgung von Plastik Probleme bereitet, • wissen, wie Abfall vermieden werden kann.	• befragen ihre Großeltern, wie früher die Waren verpackt wurden, • machen eine Ausstellung zu den verschiedenen Formen der Verpackung, • machen eine Ausstellung: Verpackung früher und heute, • ordnen Verpackungen nach dem Material, • gestalten Plakate zur Lebensdauer anderer Plastikverpackungen, • überlegen Alternativen zu der Plastikverpackung, • sammeln Vorschläge zur Vermeidung von Abfall.	• verhalten sich verantwortlich und umweltbewusst, • achten beim Einkauf auch auf die Verpackung, • kaufen weniger Minis, • machen zu Hause Vorschläge, wie beim Einkauf zu viel Abfall vermieden werden kann.	Keiner will ihn haben, den Müll und doch ist er unser aller Problem geworden. Jeder ist beteiligt an unserem Abfallberg, ganz gleich, ob Groß oder Klein, Jung oder Alt. Unsere Gesellschaft ist zu einer Wegwerfgesellschaft geworden. Alles wird handlich und werbewirksam angeboten, viel Verpackung für wenig Inhalt. Ziel des Unterrichts muss es sein, den Kindern bewusst zu machen, welche Mengen an Abfall zum Beispiel im Haushalt oder in der Schule anfallen. Zugleich sollen die Kinder den Zusammenhang von Einkauf, Verbrauch und Abfall erfahren. Auch die Kinder können dazu beitragen, den Abfallberg klein zu halten.
Unsere Stadt soll sauber sein S. 86			
Die Kinder • machen die Erfahrung, dass überall Abfälle herumliegen, • sehen, dass manche Leute ihren Müll am Waldrand abgeladen haben, • sehen, dass Sperrmüll tagelang herumsteht.	• beobachten, wo überall Abfälle herumliegen, • nehmen Kontakt mit den zuständigen Stellen bei der Stadtverwaltung auf, • entwerfen Plakate, die sich für eine saubere Stadt einsetzen.	• entwickeln ein Empfinden für die Sauberkeit in der Schule/in der Stadt, • verhalten sich selbst so, dass kein Abfall auf den Boden/auf die Straße geworfen wird.	Hier geht es darum, das Bewusstsein der Kinder für die Sauberkeit in der Schule zu wecken. Das kann auf die Sauberkeit in der Stadt übertragen werden.
Umweltspiel (Fragekarten) S. 87 Umweltspiel (Antwortkarten) S. 88			
Die Kinder • vertiefen ihr Wissen über das Vermeiden und Verwerten von Abfällen.	• bereiten die Karten zum Spielen vor, • spielen das Umweltspiel, • entwerfen selbst Frage- und Antwortkarten.	• wenden ihr Wissen und ihre Erfahrungen in konkreten Situationen an.	Das Spiel soll den Kindern helfen, ihr Wissen zu vertiefen, ihre Entscheidungen zu begründen und in konkreten Situationen anzuwenden.

Name	Datum

Verpackung früher

❖ Frage deine Eltern oder noch besser deine Großeltern, wie früher Lebensmittel transportiert, verpackt und gelagert wurden!
❖ Sprecht über das Bild! Vergleicht mit heute! Welche Vorteile und welche Nachteile hat die Verpackung?

Name	Datum

Verpackung heute

❖ Sprecht über das Bild! Vergleicht mit früher! Welche Vorteile und welche Nachteile hat die Verpackung?
❖ Welche Verpackung landet früher oder später im Abfall? Male die Kreise rot aus!

Name	Datum			

„Minis“ machen mehr Müll

Überall sind sie zu haben, die Minis: Schokolade in Miniverpackung, Joghurt in Minidöschen, Gummibärchen in Minitütchen, Mini-Käse in Alufolie. Wir haben uns schon daran gewöhnt. Aber Minis brauchen mehr Verpackung und mehr Verpackung bedeutet mehr Müll.

❖ Schreibe auf, was es alles in Mini-Verpackungen gibt!

Name	Datum			

Das kurze lange Leben einen Joghurtbechers

Unzählige Joghurtbecher werden bei uns in einem Jahr hergestellt. Deinen Joghurt hast du schnell gegessen. Der Becher aber bleibt übrig. Auf der Müllkippe überdauert er. Gerät er in die Müllverbrennungsanlage, verschmutzt er mit seinen Abgasen die Luft. Er kann aber auch eingeschmolzen und zur Herstellung einer Parkbank genutzt werden.

Beim Hersteller werden die Becher mit Inhalt gefüllt.	Es dauert nicht lange, dann landet der Becher im Abfall.	In vielen Geschäften werden Joghurt oder Pudding zum Kauf angeboten.
Viele Kinder essen gern Joghurt, Pudding oder was es alles in den Bechern gibt.	Joghurtbecher lassen den Müllberg wachsen. Wie viele Becher davon sind von dir?	Bei der Herstellung des Bechers werden Rohstoffe und viel Energie verbraucht.

❖ Schneide die Textkarten aus, ordne sie den Abbildungen zu und klebe sie ein!

Name	Datum			

Gut verpackt

Vater hat einen neuen Kühlschrank gekauft.
Jetzt wird er ausgepackt!

- ❖ Setze für die Vorteile ein ⊕ und für die Nachteile ein ⊖ in die Sprechblase ein!
- ❖ Sammelt noch andere Argumente für oder gegen so viel Verpackung!

Name	Datum

Jeden Tag Abfall vermeiden

Ex und hopp!
Kaufen, verbrauchen, weg und aus.
Das gibt es noch in manchem Haus.
Ex und hoppla! Denk daran,
wie man es anders machen kann!
Überlegt, wie es kann gehen,
dass Abfälle gar nicht erst entstehen!

❖ Schreibe auf, wie du eine Woche lang Abfall vermieden hast!

Montag	
Dienstag	
Mittwoch	
Donnerstag	
Freitag	
Samstag	
Sonntag	

Name	Datum			

Unsere Stadt soll sauber sein

Wenn alle helfen, dann ist unsere Stadt auch sauber.

❖ Setze die Sätze richtig zusammen und schreibe sie zu der passenden Abbildung!

Abfall kommt in die Mülltonne.	Unsere Straße sieht aus wie ein Müllhaufen,	Manche Leute meinen,
Beim Leeren des Mülleimers muss man aufpassen.	… wenn der Sperrmüll herumliegt.	… sie könnten ihren Müll überall abladen.

Name	Datum			

Umwelt-Spiel (Fragekarten)

Warum gehören Flaschen nicht in den Mülleimer?	Warum vergrößern Filzstifte den Müllberg?	Wohin gehören Kartoffelschalen?
Was machst du mit deinen alten Heften?	Was machst du mit deinem Spielzeug, wenn du es nicht mehr brauchst?	Warum wollen viele Leute keine Werbung?
Warum nimmst du beim Einkaufen eine Tasche mit?	Was machst du mit alten Batterien?	Wie kannst du beim Einkaufen Müll vermeiden?
Warum müssen Flaschen nach Farben sortiert werden?	Warum verpackst du deine Geschenke nicht mehr in Folie?	Warum nimmst du zum Trinken eine Flasche mit in die Schule?
Warum bringst du verbrauchte Batterien zurück ins Geschäft?	Kannst du Umverpackungen einfach im Laden zurück-lassen?	Warum kaufst du keine Getränke in Dosen?

- Klebe die Kärtchen auf Karton und schneide sie aus!
  Für jede Fragekarte gibt es eine Antwortkarte.
- Mach ein Spiel daraus!
- Schreibe selbst noch weitere Frage- und Antwortkarten!

Name	Datum			

Umwelt-Spiel (Antwortkarten)

Weil sie dort nicht wiederverwertet werden können.	Filzstifte sind aus Plastik und können nicht wiederverwertet werden.	Kartoffelschalen gehören auf den Kompost.
Meine alten Hefte hebe ich auf oder sie kommen in den Papiercontainer.	Das Spielzeug, das ich nicht mehr brauche, verschenke ich oder verkaufe ich auf dem Trödelmarkt.	Weil sie nicht so viel Papier entsorgen wollen.
Plastiktüten vermehren den Müll. Ich will die Umwelt schonen.	Alte Batterien bringe ich zurück in den Laden, wo ich sie gekauft habe.	Ich kann darauf achten, dass die Ware nicht so viel Umverpackung hat.
Weil das die Wiederverwertung einfacher macht.	Ich will keine Folie verbrauchen und so die Umwelt schonen.	Weil die Trinkpäckchen mehr Abfall machen.
Weil Batterien Sondermüll sind, der gesondert entsorgt werden muss.	Ja. Umverpackungen kann ich einfach im Laden zurücklassen.	Weil Dosen beim Wiederverwerten viel Energie verbrauchen.

- Klebe die Kärtchen auf Karton und schneide sie aus! Für jede Antwortkarte gibt es eine Fragekarte.
- Mach ein Spiel daraus!
- Schreibe selbst noch weitere Frage- und Antwortkarten!

5 Umweltschutz: Abfall trennen

Tragfähige Grundlagen

Kenntnisse	Fertigkeiten/ Fähigkeiten	Einstellungen/ Haltungen	Bemerkungen
Alles in die Mülltonne? Ich bin doch kein Allesfresser! Wohin mit dem Abfall?			**S. 90 S. 91 S. 92**
Die Kinder ● wissen, dass Abfälle entsorgt werden müssen, ● wissen, wie die verschiedenen Abfälle entsorgt werden, ● wissen, dass Abfall getrennt werden muss, ● wissen, wo die Abfallsammelstellen sind.	● beobachten die Entsorgung der Abfälle, ● entwerfen Plakate zur Trennung der Abfälle, ● ordnen Abfälle unter dem Gesichtspunkt der unterschiedlichen Entsorgung.	● entwickeln ein Bewusstsein für umweltfreundliches Verhalten, ● verhalten sich verantwortungsbewusst im Umgang mit den Abfällen.	Die Frage „Wohin mit dem Müll“ ist ein immer aktuelles Problem. Fragen der Vermeidung, der Beseitigung, Verwertung und Lagerung der Abfälle müssen im Unterricht behandelt werden, um das Bewusstsein der Kinder zu verändern.
Die große Zahl der Einwegflaschen Dosen oder Mehrwegflaschen? Der Weg der Einwegflasche Der Weg der Mehrwegflasche Wohin mit dem alten Glas?			**S. 93 S. 94 S. 95 S. 96 S. 97**
Die Kinder ● wissen, wo die Sammelcontainer stehen, ● wissen, dass der Kauf von Getränken in Dosen nicht umweltfreundlich ist, ● können den Weg der Einwegflasche beschreiben, ● können den Weg der Mehrwegflasche beschreiben.	● bearbeiten die Arbeitsblätter, ● beschreiben die verschiedenen Kreisläufe, ● beschreiben andere Kreisläufe (zum Beispiel Papier), ● fertigen Plakate dazu an, ● informieren sich darüber, was mit dem Abfall aus der Mülltonne geschieht.	● entwickeln ein Bewusstsein für umweltfreundliches Verhalten, ● verhalten sich verantwortungsbewusst im Umgang mit den Abfällen.	Am Beispiel des Stoffes Glas lässt sich der Kreislauf der Wiederverwertung gut aufzeigen. Die Kinder müssen erfahren, dass auf diesem Weg Rohstoffe und Energie gespart werden können.
Wie sortiert wird und was daraus werden kann (1) Wie sortiert wird und was daraus werden kann (2)			**S. 98 S. 99**
Die Kinder ● wissen, dass Abfälle nicht wertlos sind, ● wissen, dass Energie und Rohstoffe verbraucht werden.	● bearbeiten das Arbeitsblatt, ● beschreiben den Weg der einzelnen Abfallstoffe. ● zeichnen Kreisläufe verschiedener Stoffe.	● entwickeln ein Bewusstsein für umweltfreundliches Verhalten.	Vielleicht ist es möglich, mit den ausgeschnittenen Bildern Kreisläufe der einzelnen Stoffe darzustellen und Plakate daraus zu machen.
Kleines Lexikon zum Abfall (1) Kleines Lexikon zum Abfall (2)			**S. 100 S. 101**
Die Kinder ● kennen die wichtigsten Begriffe, die mit Abfall und Abfallbeseitigung zu tun haben.	● informieren sich über diese Begriffe, ● ergänzen das Lexikon.	● beachten beim Einkauf das Vorhandensein bestimmter Zeichen.	Hier können sich die Kinder über die wichtigsten Begriffe zum Abfall und zur Abfallbeseitigung informieren.

Name	Datum			

Alles in die Mülltonne

- ❖ Schaut euch das Bild an! Was will es sagen?
- ❖ Sprecht darüber!

Name	Datum			

Ich bin doch kein Allesfresser!

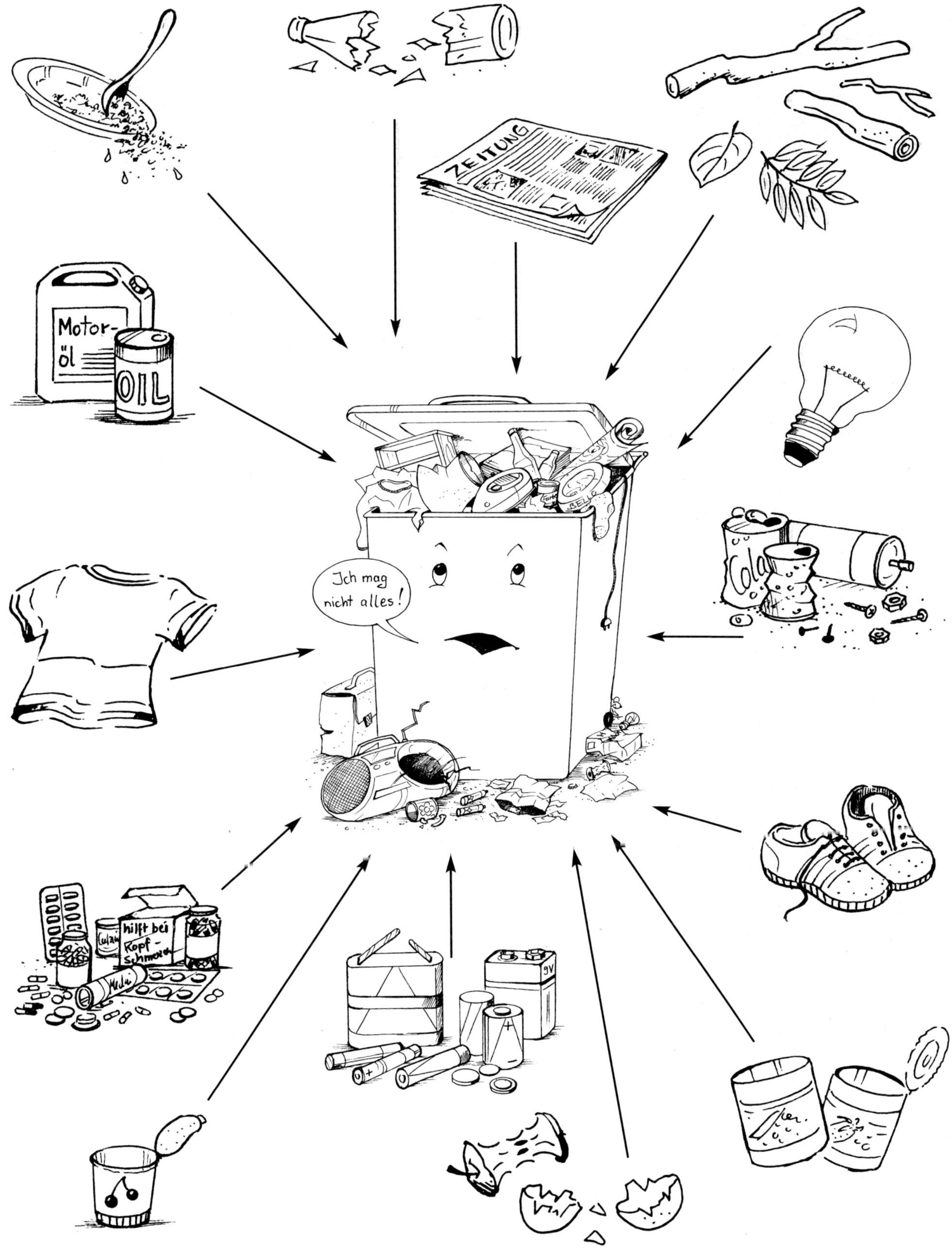

❖ Streiche dick durch, was nicht in den Mülleimer gehört!

Name	Datum			

Wohin mit dem Abfall?

- ❖ Überlege, wie die dargestellten Abfälle entsorgt werden können!
- ❖ Schneide die Textkärtchen unten aus, ordne sie ein und klebe sie fest!

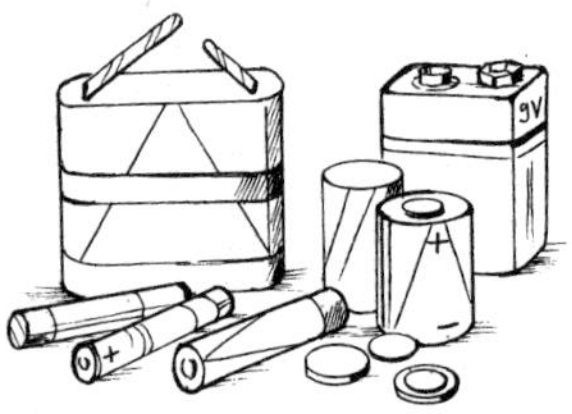			

Kompost/ braune oder grüne Tonne	Sammel-container	Sammel-container	gelber Sack	zurück zur Verkaufs-stelle
Sperrmüll	Kleider-sammlung	Kompost/ braune oder grüne Tonne	Umwelt-brummi	Apotheke

Name	Datum			

Die große Zahl der Einwegflaschen

Erdkundungsaufgabe

Ex und hopp!
Einmal gebraucht und weg.

❖ Erkunde und schreibe auf, was alles in Einwegflaschen angeboten wird!

Name	Datum			

Dosen oder Mehrwegflaschen?

Viele Getränke werden in Dosen oder Mehrwegflaschen angeboten. Inzwischen sind auch Dosen mit einem Pfand belegt. Dennoch solltest du auf den Kauf von Dosen verzichten. Warum?

❖ Schneide die Texte und Abbildungen aus! Klebe sie in Form einer Tabelle geordnet in dein Heft!

Dosen bestehen aus Weißblech oder Aluminium.

Bei der Herstellung von Mehrwegflaschen wird weniger Energie verbraucht.

Mehrwegflaschen können aus einfachen Rohstoffen hergestellt werden.

Mehrwegflaschen helfen Müll vermeiden.

Mehrwegflaschen können mehrmals wieder aufgefüllt und gebraucht werden.

Für die Herstellung von Dosen wird viel Energie verbraucht.

Dosen werden nur 1-mal gebraucht.

Dosen lassen den Müllberg wachsen.

Name	Datum			

Der Weg der Einwegflasche

❖ Male die Pfeile grün aus!

Hersteller

Glashütte

Supermarkt

1-mal gebraucht

Aufbereitungsanlage

Verbraucher

Container

❖ Schneide die Textkärtchen aus, ordne sie den Abbildungen zu und klebe sie auf!
❖ In der richtigen Reihenfolge gelesen, ergibt sich das Lösungswort:

Hier wird das Produkt hergestellt und in Flaschen abgefüllt. (A)	Hier werden die alten Flaschen zerkleinert. (L)	Hier wird das Produkt verbraucht. (F)
Hier werden leere Flaschen nach Farben getrennt gesammelt. (A)	Hier wird das Produkt in den Einwegflaschen verkauft. (B)	Hier werden neue Flaschen hergestellt. (L)

Name	Datum			

Der Weg der Mehrwegflasche

❖ Male die Pfeile grün aus!

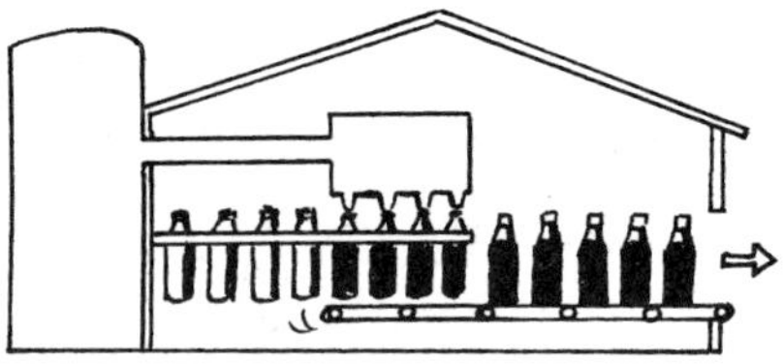

Hersteller

Transport

Transport

Wie oft gebraucht?

Supermarkt

Supermarkt

Verbraucher

❖ Schneide die Textkärtchen aus, ordne sie den Abbildungen zu und klebe sie auf!
❖ In der richtigen Reihenfolge gelesen, ergibt sich das Lösungswort:

Hier werden die Flaschen gereinigt und das Produkt abgefüllt. (U)	Im Supermarkt oder anderen Geschäften werden die Produkte verkauft. (W)	Der Verbraucher bringt die leeren Flaschen zurück zur Verkaufsstelle. (E)
Vom Supermarkt kommen die leeren Flaschen zurück zum Hersteller. (T)	Ein Lastwagen bringt die Produkte zum Supermarkt. (M)	Im Supermarkt werden die Flaschen gesammelt und sortiert. (L)

Name	Datum			

Wohin mit dem alten Glas?

Die Frage ist leicht zu beantworten:

- Mehrwegflaschen zurück zum Händler
- Einwegverpackungen aus Glas in den Altglascontainer

Wo stehen die nächsten Container?

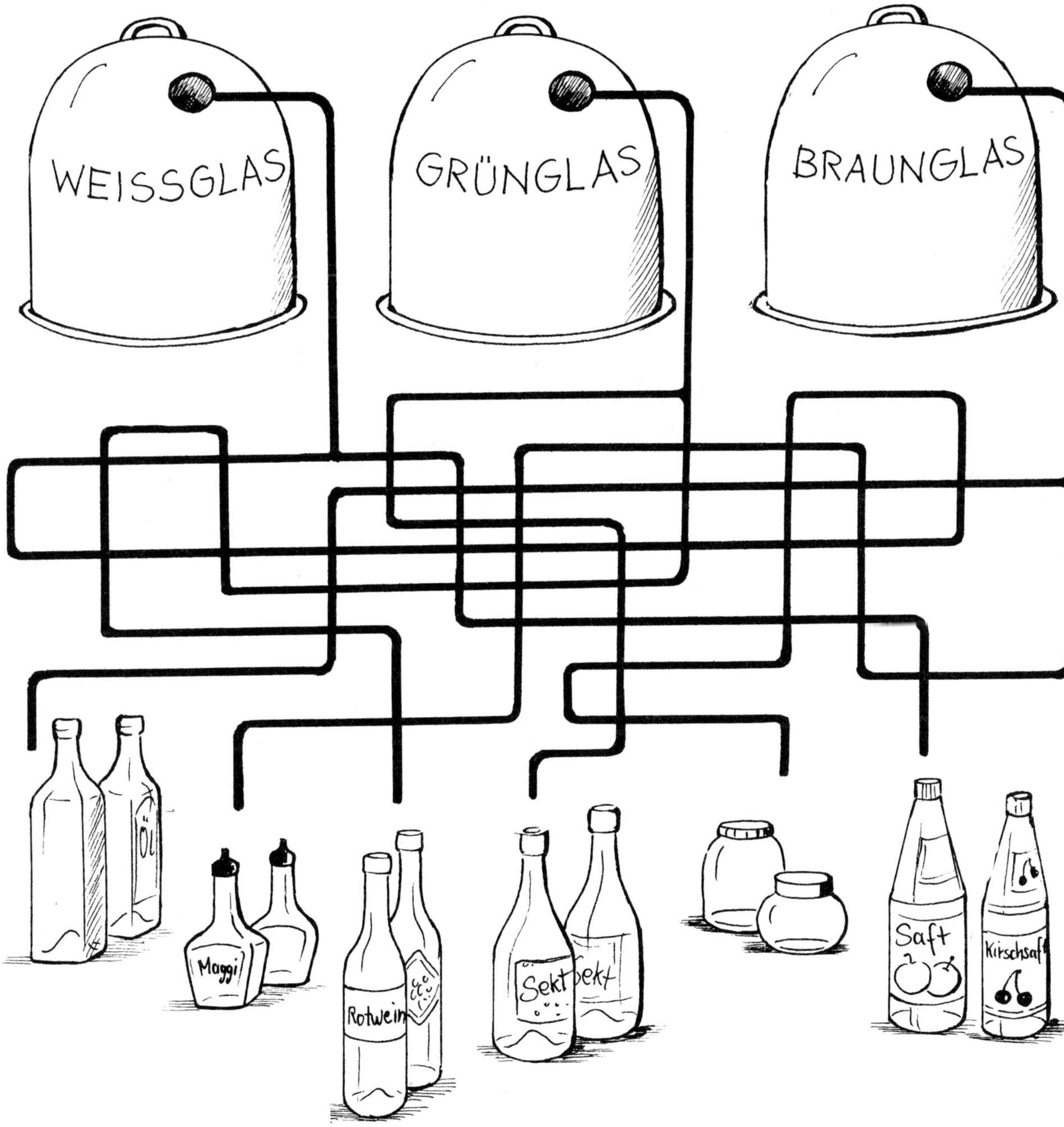

❖ Welche Farben haben die Flaschen und Gläser? Male sie richtig aus!

Name	Datum			

Wie sortiert wird und was daraus werden kann (1)

❖ Schneide die einzelnen Kärtchen aus, ordne sie auf der Seite 99 ein und klebe sie fest! Die richtige Reihenfolge der Buchstaben ergibt eine wichtige Forderung.

(U)

Sammelcontainer für Glas

(W)

Wertstofftonne/Wertstoffsack

(M)

Sammelcontainer für Papier

(C)

Weißblech, Aluminium

(T)

Kunststoff

(E)

Altglas

(S)

Verbundstoffe

(L)

Altpapier

(N)

Becher, Eimer, Blumentöpfe, Zaunpfähle

(O)
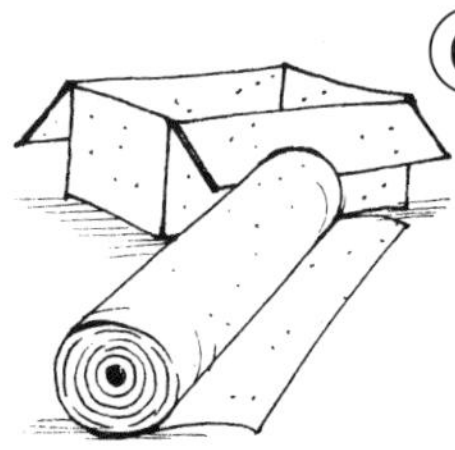
Zeitungspapier, Kartons

(E)

Platten für Möbelindustrie

(N)

Produkte aus Stahl, Weißblech, Aluminium

(H)

Flaschen, Gläser

Name	Datum			

Wie sortiert wird und was daraus werden kann (2)

- ❖ Ordne die Kärtchen zu und klebe sie fest!
- ❖ Male die Pfeile grün aus!

Name	Datum			

Kleines Lexikon zum Abfall (1)

	**Abfall** ist alles, was wir nicht mehr haben wollen. Abfälle können aber nicht einfach weggeworfen werden. Sie müssen in geordneter Form entsorgt werden.
§	**Abfallgesetz** Es regelt die Vermeidung und Entsorgung von Verpackung und Abfällen.
DER BLAUE ENGEL – JURY UMWELTZEICHEN	**Blauer Engel** Mit diesem Zeichen dürfen nur die Produkte gekennzeichnet werden, die keine oder nur eine geringe Belastung für die Umwelt verursachen.
	**Deponie** Das ist eine Anlage, auf der Abfälle abgekippt und gelagert werden.
	Duales System Danach sollen Verpackungsabfälle umwelt-freundlich entsorgt und wiederverwertet werden.
	**Einwegverpackung** Eine Verpackung, die nur einmal benutzt und nach dem Verbrauch des Inhaltes zum Abfall wird.
DER GRÜNE PUNKT	**Grüner Punkt** Er ist das Kennzeichen für wiederverwertbare Verpackungen, die am Haus abgeholt werden. Er sagt nichts über die Umweltfreundlichkeit einer Verpackung.

Name	Datum			

Kleines Lexikon zum Abfall (2)

	**Hausmüll** ist aller im Haushalt, in Hotels, in Gaststätten, Kantinen und ähnlichen Betrieben anfallender Müll.
	**Kompostierung** Bei der Kompostierung werden pflanzliche Stoffe gelagert und dem Boden wieder zugeführt.
	**Mehrwegverpackung** ist eine Verpackung, die mehrmals genutzt werden kann. Mehrwegflaschen kommen bis zu 60-mal in den Handel.
	**Müllabfuhr** ist die von der Gemeinde oder von einem Unternehmer organisierte, geordnete Beseitigung des Hausmülls. Jeder, dem ein Grundstück gehört, muss sich der Müllabfuhr anschließen und dafür bezahlen.
	**Müllverbrennungsanlage** Fast ein Drittel des Mülls wird bei uns in den Verbrennungsanlagen entsorgt. Die Asche, die dabei entsteht, ist Sondermüll.
	**Recycling** heißt übersetzt: Wiedereinführung in den Kreislauf. Durch Recycling sollen Rohstoffe und Energie gespart und die Abfallmenge vermindert werden. Metall, Glas und Papier werden in großen Mengen wiederverwertet.
	**Sondermüll** Das sind Stoffe, die nicht zusammen mit dem Hausmüll entsorgt werden dürfen. Sie gelten als besonders umweltgefährdend und gesundheitsschädlich.